WISSEN FÜR DIE PRAXIS

Weiterführend empfehlen wir:

Die neue Vorsorge-Mappe
ISBN 978-3-8029-1326-0

Meine Vorsorge in 30 Minuten
ISBN 978-3-8029-3195-6

So schreibe ich mein Testament
ISBN 978-3-8029-4148-1

Das aktuelle Erbrecht
ISBN 978-3-8029-4102-3

Schenken und Erben ohne Finanzamt
ISBN 978-3-8029-4153-5

Weitere Titel unter: www.WALHALLA.de

Wir freuen uns über Ihr Interesse an diesem Buch. Gerne stellen wir Ihnen zusätzliche Informationen zu diesem Programmsegment zur Verfügung.
Bitte sprechen Sie uns an:
E-Mail: WALHALLA@WALHALLA.de
http://www.WALHALLA.de
Walhalla Fachverlag · Haus an der Eisernen Brücke · 93042 Regensburg
Telefon 0941 5684-0 · Telefax 0941 5684-111

WALHALLA

Dommermühl · Bittler

Patientenverfügung und andere Vorsorgemöglichkeiten

Entscheiden Sie über Ihr Leben autonom

12., aktualisierte Auflage

WALHALLA Rechtshilfen

Bibliografische Information der Deutschen Nationalbibliothek
Die Deutsche Nationalbibliothek verzeichnet diese Publikation in der Deutschen Nationalbibliografie; detaillierte bibliografische Daten sind im Internet über www.dnb.de abrufbar.

Zitiervorschlag:
Felix Dommermühl, Jan Bittler, Patientenverfügung und andere Vorsorgemöglichkeiten
Walhalla Fachverlag, Regensburg 2023

Hinweis: Unsere Werke sind stets bemüht, Sie nach bestem Wissen zu informieren. Alle Angaben in diesem Buch sind sorgfältig zusammengetragen und geprüft. Durch Neuerungen in der Gesetzgebung, Rechtsprechung sowie durch den Zeitablauf ergeben sich zwangsläufig Änderungen. Bitte haben Sie deshalb Verständnis dafür, dass wir für die Vollständigkeit und Richtigkeit des Inhalts keine Haftung übernehmen.
Januar 2023

12., aktualisierte Auflage

Produktion: Walhalla Fachverlag, 93042 Regensburg
Printed in Germany
ISBN 978-3-8029-4164-1

Inhaltsverzeichnis

Richtig vorsorgen

Der Gedanke an einen Unfall oder eine schwere Krankheit löst Unbehagen aus. Noch weniger möchten wir daran denken, dass wir nach einem solchen Ereignis zukünftig vielleicht nicht mehr für uns selbst sorgen können und uns in die Obhut anderer begeben müssen.

Ebenso wie der Gedanke an den eigenen Tod sind das Vorstellungen, die oftmals verdrängt werden. Fragen wie „Was passiert mit mir, falls ich einmal im Koma liegen sollte? Sind meine Angehörigen dann auch versorgt?“ wurden bislang allenfalls im Stillen gedacht. Eine Lösung dieser Probleme wurde jedoch nicht angegangen. Denn Gedanken, die so eng mit dem eigenen Tod verknüpft sind, galten jahrelang als ein Tabuthema.

Doch forciert durch die Medien, rückt das Thema der Vorsorge bei alters-, krankheits- oder unfallbedingter Entscheidungsunfähigkeit zunehmend in den Blickpunkt der Öffentlichkeit. Berichte über die fast unbegrenzt erscheinenden Möglichkeiten der modernen Apparatemedizin im Hinblick auf lebensverlängernde Maßnahmen wecken nicht nur unsere Ängste, sondern zeigen uns auch deutlich eine Situation auf, in der wir nicht mehr ohne weiteres unsere eigenen Entscheidungen treffen können.

So sind viele Diskussionen darüber entstanden, wie in einer solchen Situation der eigenen Entscheidungsunfähigkeit

- zum einen ein selbstverantwortliches Handeln und eigene Entscheidungsfindung gewahrt und
- andererseits nahe Angehörige finanziell abgesichert werden können.

Diese Neuauflage berücksichtigt eine umfassende Reform des Vormundschafts- und Betreuungsrechts, der Bundesrat hat einer vom Bundestag beschlossenen Reform am 26.03.2021 zugestimmt; sie trat am 01.01.2023 in Kraft.

Diese umfangreiche Reform reformiert und restrukturiert das Vormundschafts- und Betreuungsrecht. Der Rechtsanwender, aber auch der interessierte Laie wird sich zudem damit abfinden müssen, dass nicht nur neue Regelungen dazugekommen sind, sondern dass auch viele Regelungen eine neue „Hausnummer“ bekommen haben.

Neu und für die Zielgruppe dieses Buchs wahrscheinlich besonders interessant ist das neue, gesetzlich verankerte Vertretungsrecht für Eheleute und die damit verbundenen Fragen, ob bzw. wann eine Vorsorgevollmacht trotz dieser Neuregelung sinnvoll ist.

Seit der letzten Auflage sind zudem natürlich wieder zahlreiche Gerichtsentscheidungen ergangen, die sich mit Patientenverfügungen und Vorsorgevollmachten beschäftigt haben. Auf einige dieser Entscheidungen wird in diesem Buch hingewiesen.

Nachfolgend werden Ihnen die Möglichkeiten zur Vorsorge für Ihre finanziellen, aber auch persönlichen Angelegenheiten sowie die rechtlich zulässige Form von „Sterbehilfe“ dargestellt.

Felix Dommermühl

Formulare und Abkürzungen

Abs.	Absatz
Az.	Aktenzeichen
BGB	Bürgerliches Gesetzbuch
BGH	Bundesgerichtshof
BtOG	Betreuungsorganisationsgesetz
BVerfG	Bundesverfassungsgericht
LG	Landgericht
Nr.	Nummer
OLG	Oberlandesgericht
SGB	Sozialgesetzbuch
StGB	Strafgesetzbuch
ZPO	Zivilprozessordnung

1.

Vorsorgemöglichkeiten im Überblick

1

Patientenverfügung

Eine Patientenverfügung wird oftmals auch als Patiententestament oder Patientenbrief bezeichnet. Nicht zu verwechseln ist die Patientenverfügung mit einem Testament im herkömmlichen Sinn, das als „letzter Wille" den Nachlass nach dem eigenen Versterben regelt.

Mit einer Patientenverfügung wenden Sie sich direkt an einen behandelnden Arzt und das Pflegepersonal. Sie können dann für den Fall, dass Sie Ihre Behandlungswünsche beispielsweise aufgrund von Bewusstlosigkeit nicht mehr zum Ausdruck bringen können, Ärzten und Pflegern diese schriftlich mitteilen.

Wichtig: Der Wunsch nach einer medizinischen Maximalbehandlung kann hier ebenso zum Ausdruck gebracht werden wie der Wunsch, dass eine lebenserhaltende Maßnahme ab einem bestimmten Zeitpunkt nicht mehr durchgeführt werden soll.

Beispiel:

Ein völlig Gesunder fasst eine Patientenverfügung ab, in der er für den Fall der irreversiblen Bewusstlosigkeit einen Verzicht auf lebenserhaltende Maßnahmen wie zum Beispiel künstliche Ernährung verfügt. Nach einem Unfall fällt er ins Koma. Ist die Irreversibilität des Bewusstseinsverlusts des Patienten festgestellt, wird die Patientenverfügung zumindest bei der Ermittlung des mutmaßlichen Patientenwillens herangezogen und der Wille des Patienten somit im Hinblick auf seine Behandlungswünsche beachtet. Wird der Patientenwunsch in einer den neuen gesetzlichen Anforderungen und den Anforderungen der Rechtsprechung genügenden Patientenverfügung festgehalten, ist der behandelnde Arzt bzw. das Betreuungsgericht an diesen Willen gebunden.

Praxis-Tipp:

Eine Anweisung zu einer gezielten Lebensverkürzung, das heißt zu einer aktiven Sterbehilfe, wird aufgrund der strafrechtlichen Konsequenz (Tötung auf Verlangen ist gemäß § 216 StGB strafbar) weder von Ärzten noch vom

Pflegepersonal befolgt werden. Das sollte vom Verfasser schon vorab beachtet werden. 1

§ **§ 216 StGB – Tötung auf Verlangen**

(1) Ist jemand durch das ausdrückliche und ernstliche Verlangen des Getöteten zur Tötung bestimmt worden, so ist auf Freiheitsstrafe von sechs Monaten bis zu fünf Jahren zu erkennen.
(2) Der Versuch ist strafbar.

Vorsorgevollmacht

Mit einer Vorsorgevollmacht wird ein Bevollmächtigter bestimmt, für den zukünftigen Fall der eigenen Geschäftsunfähigkeit oder Hilfsbedürftigkeit quasi als Stellvertreter zu handeln. Je nach Umfang der Vollmacht kann der Bevollmächtigte dabei sowohl alle Vermögensangelegenheiten als auch alle Angelegenheiten in Gesundheitsfragen regeln.

Mit der Reform des Vormundschafts- und Betreuungrechts hat der Gesetzgeber ein gesetzliches Vertretungsrecht für Eheleute geschaffen. Dieses Vertretungsrecht beinhaltet allerdings einige Tücken, für die absolut überwiegende Anzahl der Personen, die für den Notfall vorsorgen wollen, ist das gesetzliche Vertretungsrecht nicht ausreichend.

Betreuungsverfügung

Die Betreuungsverfügung wendet sich an das Betreuungsgericht. In einer Betreuungsverfügung kann die Person vorgeschlagen werden, die für den Fall der eigenen psychischen Krankheit, körperlichen oder seelischen Behinderung vom Betreuungsgericht zum Betreuer bestellt werden soll. Gleichzeitig können Sie in der Betreuungsverfügung Anweisungen an den Betreuer festhalten.

Wichtig: Der Betreuer unterliegt der Kontrolle durch das Betreuungsgericht.

Beispiel:

Eine ältere Witwe lebt ohne nähere Angehörige allein zu Hause in ihrer Eigentumswohnung. Sie kennt niemanden, dem sie für den Fall ihrer eigenen Hilflosigkeit eine Vollmacht erteilen könnte. Dennoch will sie erreichen, dass sie in einem speziellen Seniorenheim gepflegt wird.

Mit einer Betreuungsverfügung kann sie daher festlegen, in welchem Seniorenheim sie gepflegt werden möchte. Gleichzeitig kann sie auch beispielsweise anordnen, dass die Eigentumswohnung zur Deckung der Kosten des Pflegeheims verkauft werden soll.

2.

Die Patientenverfügung

Das sollten Sie wissen!

Die Reform des Vormundschafts- und Betreuungsrechts bringt für die Patientenverfügung keine grundlegenden Änderungen, wohl aber eine neue „Hausnummer". Ab 01.01.2023 ist die Patientenverfügung in § 1827 BGB geregelt.

Mit einer Patientenverfügung kann der Patient eine Willensäußerung im Hinblick auf eine zukünftige Behandlung für den Fall seiner späteren Äußerungsunfähigkeit abgeben. So kann er bestimmen, ob und in welchem Umfang in bestimmten, näher beschriebenen Krankheitssituationen medizinische Maßnahmen eingesetzt bzw. unterlassen werden sollen.

Mit dem scheinbar unaufhaltbaren Fortschritt der Medizin müssen Krankheit und Tod nicht mehr als unabwendbares Schicksal hingenommen werden.

Während einerseits die Erwartungen an die moderne Medizin ständig steigen, steht auf der anderen Seite eine Angst vor dem anonymen „Dahinvegetieren", nur noch am Leben gehalten von der modernen Intensivmedizin mit ihren unzähligen Apparaten.

Vor diesem Hintergrund ist die Diskussion um die Patientenverfügung entstanden. Sie soll dem Patienten einerseits sein Recht auf Selbstbestimmung gewährleisten und andererseits den behandelnden Ärzten helfen, eine Entscheidung im Interesse des Patienten zu treffen.

Wichtig: Daher kann jedem nur geraten werden, sich über seine Wünsche für den Fall der eigenen Entscheidungsunfähigkeit in einer medizinischen Extremsituation klar zu werden und nach einer eigenen Auseinandersetzung mit dieser Thematik seinen Willen, sei dieser nun auf Lebensverlängerung oder Leidensverkürzung gerichtet, in einer entsprechenden Patientenverfügung darzulegen.

> ***Praxis-Tipp:***
>
> *Die Patientenverfügung findet nur Berücksichtigung, sofern der Patient selbst keinen Behandlungswunsch mehr äußern kann. Der Wille eines einwilligungsfähigen Patienten geht der Patientenverfügung immer vor.*

In welcher Form ist eine Patientenverfügung abzufassen?

Mit dem am 01.09.2009 in Kraft getretenen Dritten Gesetz zur Änderung des Betreuungsrechts wurde die Patientenverfügung erstmalig in § 1901a BGB (seit 01.01.2023: § 1827 BGB) kodifiziert. Nach dieser Vorschrift muss eine Patientenverfügung schriftlich festgehalten und – um etwaige Zweifel auszuräumen – unterschrieben werden. Zwar ist die Handschriftlichkeit ebenso wenig gesetzlich vorgeschrieben wie eine notarielle Beglaubigung oder Beurkundung. Auch ist eine Hinzuziehung von Zeugen bei der Errichtung nicht erforderlich. Diese Maßnahmen sind unter Umständen aber sinnvoll, da im Zweifel der mutmaßliche Wille des Verfügenden ermittelt werden muss. Die Beteiligten bei der Errichtung einer Patientenverfügung, insbesondere auch Zeugen, können hierüber Auskunft geben.

Der Verfasser einer Patientenverfügung muss volljährig sowie einwilligungsfähig sein. Das bedeutet, dass er über die geistige und sittliche Reife verfügen muss, über sein Selbstbestimmungsrecht in Gesundheitsangelegenheiten eigenverantwortlich bestimmen zu können.

§

§ 1827 BGB – Patientenverfügung; Behandlungswünsche oder mutmaßlicher Wille des Betreuten

(1) $_1$Hat ein einwilligungsfähiger Volljähriger für den Fall seiner Einwilligungsunfähigkeit schriftlich festgelegt, ob er in bestimmte, zum Zeitpunkt der Festlegung noch nicht unmittelbar bevorstehende Untersuchungen seines Gesundheitszustands, Heilbehandlungen oder ärztliche Eingriffe einwilligt oder sie untersagt (Patientenverfügung), prüft der Betreuer, ob diese Festlegungen auf die aktuelle Lebens- und Behandlungssituation des Betreuten zutreffen. $_2$Ist dies der Fall, hat der Betreuer dem Willen des Betreuten Ausdruck und Geltung zu verschaffen. $_3$Eine Patientenverfügung kann jederzeit formlos widerrufen werden.

(2) $_1$Liegt keine Patientenverfügung vor oder treffen die Festlegungen einer Patientenverfügung nicht auf die aktuelle Lebens- und Behandlungssituation des Betreuten zu, hat der Betreuer die Behandlungswünsche oder den mutmaßlichen Willen des Betreuten festzustellen und

auf dieser Grundlage zu entscheiden, ob er in eine ärztliche Maßnahme nach Absatz 1 einwilligt oder sie untersagt. $_2$Der mutmaßliche Wille ist aufgrund konkreter Anhaltspunkte zu ermitteln. $_3$Zu berücksichtigen sind insbesondere frühere Äußerungen, ethische oder religiöse Überzeugungen und sonstige persönliche Wertvorstellungen des Betreuten.

(3) Die Absätze 1 und 2 gelten unabhängig von Art und Stadium einer Erkrankung des Betreuten.

(4) Der Betreuer soll den Betreuten in geeigneten Fällen auf die Möglichkeit einer Patientenverfügung hinweisen und ihn auf dessen Wunsch bei der Errichtung einer Patientenverfügung unterstützen.

(5) $_1$Niemand kann zur Errichtung einer Patientenverfügung verpflichtet werden. $_2$Die Errichtung oder Vorlage einer Patientenverfügung darf nicht zur Bedingung eines Vertragsschlusses gemacht werden.

(6) Die Absätze 1 bis 3 gelten für Bevollmächtigte entsprechend.

Entscheidend ist, dass Sie als Patient um Art und Schwere einer möglichen Erkrankung wissen und das Wesen, die Bedeutung und die Tragweite eines ärztlichen Eingriffs bzw. einer Behandlung ebenso erkennen können wie die Folgen Ihrer Verweigerung von medizinisch indizierten Maßnahmen bzw. eines Behandlungsabbruchs.

Praxis-Tipp:

Daher sollte der Erstellung einer Patientenverfügung immer ein Beratungsgespräch mit einem Arzt Ihres Vertrauens vorausgehen. Das empfiehlt sich insbesondere, wenn Sie an einem Krankheitsbild leiden, hinsichtlich dessen die später einmal in Betracht kommenden Therapieoptionen bekannt sind.

Eine Patientenverfügung sollte unbedingt unterschrieben werden. Eine regelmäßige Bestätigung durch erneute Unterschrift wird teilweise befürwortet, dies ist aber nicht notwendig. Entscheidet man sich für eine regelmäßige Unterzeichnung, sollte man bedenken, dass ein „Auslassen" einer Unterschrift ggf. Zweifel wecken, ob der in der Patientenverfügung verkörperte Wille weiterhin gelten soll.

Wie sollte die Patientenverfügung aufbewahrt werden?

Die Patientenverfügung muss auf jeden Fall im Original aufgefunden werden und die behandelnden Ärzte sowie das Pflegepersonal müssen hiervon Kenntnis erlangen. Zwar sieht die neue Rechtslage ab dem 01.01.2023 eine Möglichkeit für Ärzte vor, Einsicht in das Zentrale Vorsorgeregister zu nehmen, dies setzt aber zum einen die Registrierung voraus, zum anderen ist diese Einsicht in der ärztlichen Praxis noch nicht etabliert.

Neu ist die Regelung, wonach eine Patientenverfügung, die bislang nur i. V. m. einer Vorsorgevollmacht oder einer Betreuungsverfügung registriert werden konnte, nun auch für sich alleine registriert werden kann. Das Zentrale Vorsorgeregister (ZVR) befindet sich in öffentlich-rechtlicher Trägerschaft bei der Bundesnotarkammer (vgl. hierzu auch Kapitel 9).

> ***Praxis-Tipp:***
>
> *Am besten stellen Sie sicher, dass nahe Angehörige von der Existenz und dem Aufbewahrungsort Kenntnis haben und die Patientenverfügung den behandelnden Ärzten zuleiten können. Gegebenenfalls wird auch Ihr Hausarzt Ihren Behandlungswunsch in die Patientenkartei aufnehmen.*

Wann ist eine Patientenverfügung verbindlich?

Lange war die Frage umstritten, ob dem in einer Patientenverfügung zum Ausdruck gebrachten Wunsch entsprochen werden muss. Diese Frage wurde von Juristen kontrovers diskutiert. Insbesondere wurde gegen eine Verbindlichkeit der Patientenverfügung immer wieder vorgebracht, diese sei – da meist in gesunden Tagen abgefasst – kein Anhaltspunkt für den Willen eines Patienten in einer konkreten Behandlungssituation. Denn in ausweglosen Situationen wachse oftmals die Hoffnung und damit gehe eine Willensänderung des Patienten einher.

Mit dem Dritten Gesetz zur Änderung des Betreuungsrechts machte der Gesetzgeber aber deutlich, dass der gerichtlich nachprüfbare

Patientenwille absolute Verbindlichkeit erhält, auch gegen die Indikationsstellung des Arztes. Der in der Patientenverfügung geäußerte Wille für die konkrete Situation ist sowohl für behandelnde Ärzte,

Pfleger und Heime als auch für Bevollmächtigte und Betreuer bindend. Das wurde durch den BGH mittlerweile bestätigt. Keiner dieser Beteiligten darf eine Entscheidung gegen den in der Patientenverfügung getroffenen Willen treffen. Das heißt, eine situationsgenaue Patientenverfügung ist absolut verbindlich. Mit Entscheidung vom 06.07.2016 (Az. XII ZB 61/16) hat der BGH seine Anforderungen an den Inhalt einer verbindlich wirkenden Patientenverfügung konkretisiert.

Ist jedoch keine Patientenverfügung vorhanden bzw. treffen die Festlegungen der Patientenverfügung nicht auf die aktuelle Lebens- und Behandlungssituation zu, sind die Behandlungswünsche oder – sofern sich keine Behandlungswünsche feststellen lassen – der mutmaßliche Wille des Betreuten festzustellen. Auf dieser Grundlage ist zu entscheiden, ob eine ärztliche Maßnahme durchgeführt werden soll oder nicht. Bei der Ermittlung der Behandlungswünsche oder des mutmaßlichen Willens sind insbesondere frühere mündliche oder schriftliche Äußerungen des Betreuten heranzuziehen sowie seine ethischen und religiösen Überzeugungen, aber auch alle sonstigen persönlichen Wertvorstellungen zu ermitteln. So kommt auch einer ursprünglich nicht formgerecht erklärten oder nicht dem neuesten Standard entsprechenden Patientenverfügung eine Bedeutung zu. Den Willen des Betreuten hat der Betreuer selbst bzw. der Bevollmächtigte festzustellen, keinesfalls aber der behandelnde Arzt.

> ***Praxis-Tipp:***
>
> *Da im Rahmen der Ermittlung der Behandlungswünsche oder des mutmaßlichen Patientenwillens eine allgemeine Wertanamnese vorzunehmen ist, sollten Sie bei der Erstellung einer Patientenverfügung immer festhalten, aufgrund welcher persönlichen Erfahrungen oder ethischen Grundeinstellungen Sie diese Patientenverfügung abgefasst haben.*

Für den Fall, dass weder eine Patientenverfügung vorhanden ist, noch der mutmaßliche Wille des Patienten ermittelt werden kann, hat der

Gesetzgeber keine Regelung getroffen. In einer solchen Situation dürfte dann der Grundsatz in dubio pro vita, im Zweifel für das Leben, gelten.

Welche Rolle spielt das Betreuungsgericht?

Muss das Betreuungsgericht die Entscheidung, lebenserhaltende Maßnahmen aufgrund des schriftlichen Patientenwunsches zu beenden, genehmigen?

Die Rechtsprechung beurteilte diese Frage bisher unterschiedlich:

- Das OLG Frankfurt ist der Auffassung, dass das Betreuungsgericht analog § 1829 BGB eine solche Maßnahme genehmigen muss, wobei der in der Patientenverfügung festgelegte Wille des Patienten jedoch vom Gericht zu berücksichtigen ist.
- Andererseits kommt das LG München zu dem Ergebnis, dass keine betreuungsgerichtliche Genehmigung für lebensbeendende Maßnahmen erforderlich sei. Vielmehr haben Ärzte und Angehörige über lebensbeendende Maßnahmen in eigener Verantwortung zu entscheiden.
- Der BGH kommt zu dem Ergebnis, dass im Fall der Einwilligungsunfähigkeit eines Patienten und eines irreversiblen und tödlichen Verlaufs des Grundleidens lebenserhaltende oder -verlängernde Maßnahmen dann unterbleiben müssen, wenn dies dem zuvor – etwa in der Form einer Patientenverfügung – geäußerten Patientenwillen entspricht. Allerdings ist das Betreuungsgericht letztlich immer dann zuständig, wenn Ärzte sich gegen die in einer Patientenverfügung niedergelegten Behandlungswünsche, insbesondere gegen einen Abbruch lebenserhaltender oder -verlängernder Maßnahmen aussprechen.

Mit dem Dritten Betreuungsrechtsänderungsgesetz wurde § 1829 Abs. 2 BGB neu eingeführt. Demnach wird gesetzlich bestimmt, dass die Nichteinwilligung oder der Widerruf der Einwilligung des Betreuers in eine Untersuchung des Gesundheitszustands, eine Heilbehandlung oder einen ärztlichen Eingriff der Genehmigung des Betreuungsgerichts bedarf, wenn die Maßnahme medizinisch angezeigt ist und die begründete Gefahr besteht, dass der Betreute aufgrund des Unterbleibens bzw. des Abbruchs der Maßnahme einen schweren oder länger dauernden gesundheitlichen Schaden erleidet oder sogar stirbt.

Allerdings ist die Genehmigung nach § 1829 Abs. 4 BGB nicht erforderlich, wenn zwischen Betreuer und dem behandelnden Arzt ein Einvernehmen darüber besteht, dass die Erteilung, die Nichterteilung oder der Widerruf der Einwilligung dem nach 1827 BGB (bis 31.12.2022: § 1901a BGB) festgestellten Willen des Betreuten im Rahmen einer Patientenverfügung entspricht.

Mit erfreulicher Klarheit hat sich der BGH in seinem Beschluss vom 17.09.2014 zur Frage geäußert, inwieweit der Abbruch einer lebensverlängernden Maßnahme vom Betreuungsgericht genehmigt werden muss. So lauten die ersten beiden Leitsätze:

§ **BGH vom 17.09.2014**

1. Der Abbruch einer lebenserhaltenden Maßnahme bedarf dann nicht der betreuungsgerichtlichen Genehmigung (...), wenn der Betroffene einen entsprechenden eigenen Willen bereits in einer wirksamen Patientenverfügung (...) niedergelegt hat und diese auf die konkret eingetretene Lebens- und Behandlungssituation zutrifft. (...)
2. Das Vorliegen einer Grunderkrankung mit einem „irreversibel tödlichen Verlauf" ist nicht Voraussetzung für den zulässigen Abbruch lebenserhaltender Maßnahmen. Für die Verbindlichkeit des tatsächlichen oder mutmaßlichen Willens eines aktuell einwilligungsunfähigen Betroffenen kommt es nicht auf die Art und das Stadium der Erkrankung an (...).

§ **§ 1829 BGB – Genehmigung des Betreuungsgerichts bei ärztlichen Maßnahmen**

(1) $_1$Die Einwilligung des Betreuers in eine Untersuchung des Gesundheitszustands, eine Heilbehandlung oder einen ärztlichen Eingriff bedarf der Genehmigung des Betreuungsgerichts, wenn die begründete Gefahr besteht, dass der Betreute aufgrund der Maßnahme stirbt oder einen schweren und länger dauernden gesundheitlichen Schaden erleidet. $_2$Ohne die Genehmigung darf die Maßnahme nur durchgeführt werden, wenn mit dem Aufschub Gefahr verbunden ist.

(2) Die Nichteinwilligung oder der Widerruf der Einwilligung des Betreuers in eine Untersuchung des Gesundheitszustands, eine Heilbehandlung oder einen ärztlichen Eingriff bedarf der Genehmigung des Betreuungsgerichts, wenn die Maßnahme medizinisch angezeigt ist und die begründete Gefahr besteht, dass der Betreute aufgrund des Unterbleibens oder des Abbruchs der Maßnahme stirbt oder einen schweren und länger dauernden gesundheitlichen Schaden erleidet.
(3) Die Genehmigung nach den Absätzen 1 und 2 ist zu erteilen, wenn die Einwilligung, die Nichteinwilligung oder der Widerruf der Einwilligung dem Willen des Betreuten entspricht.
(4) Eine Genehmigung nach den Absätzen 1 und 2 ist nicht erforderlich, wenn zwischen Betreuer und behandelndem Arzt Einvernehmen darüber besteht, dass die Erteilung, die Nichterteilung oder der Widerruf der Einwilligung dem nach § 1827 festgestellten Willen des Betreuten entspricht.
(5) Die Absätze 1 bis 4 gelten nach Maßgabe des § 1820 Absatz 2 Nummer 1 für einen Bevollmächtigten entsprechend.

Neue Rechtsprechung

Mit seiner Entscheidung vom 06.07.2016 (Az. XII ZB 61/16) hat der BGH entschieden, dass eine Formulierung in einer Patientenverfügung, wonach der Verfügende „keine lebenserhaltenden Maßnahmen“ wolle, für sich genommen keine für den Bevollmächtigten oder Betreuer bindende Festlegung für eine aktuelle Lebens- und Behandlungssituation ist.
Es ist somit unbedingt anzuraten, im Rahmen einer Patientenverfügung nach Möglichkeit konkrete Festlegungen zu treffen.

Kann die Patientenverfügung unwirksam werden?

Unwirksam wird eine Patientenverfügung insbesondere, indem Sie sie widerrufen. Ein solcher Widerruf braucht weder schriftlich noch sprachlich erfolgen. Hier genügt schon ein Zeichen mit den Augen oder ein Kopfnicken auf die entsprechende Frage des Arztes oder des Pflegepersonals.

2

Solange kein Widerruf erfolgt, bleibt die Patientenverfügung wirksam. Auch bei einer Patientenverfügung älteren Datums darf nicht davon ausgegangen werden, dass der darin geäußerte Wille nicht mehr gelten soll und die Patientenverfügung insgesamt unwirksam ist.

Um die Aktualität des Patientenwunsches gegenüber jeglicher anderer Vermutung zu schützen, kann die Patientenverfügung in periodischen Abständen erneut mit aktuellem Datum versehen und unterschrieben werden. Dieses Kriterium der Aktualität wird seitens des BGH und des Gesetzgebers nicht gefordert.

Welche Regelungen können getroffen werden?

Nach Möglichkeit sollte eine Patientenverfügung den genauen Wunsch festhalten, welche Maßnahmen Ärzte im Hinblick auf einen zu erwartenden Krankheitsverlauf für den Fall der Entscheidungsunfähigkeit des Patienten treffen bzw. unterlassen sollen.

Liegt ein medizinischer Befund bei einer Erkrankung vor, sollte nach umfassender ärztlicher Aufklärung eine individuelle, auf das eigene Krankheitsbild und dessen Verlauf bezogene Patientenverfügung abgefasst werden.

Für den Fall, dass kein spezifisches Krankheitsbild im Zeitpunkt der Abfassung der Patientenverfügung vorliegt, sollte diese allgemein gehalten werden.

Grundsätzlich sind zwei verschiedene Fallkonstellationen zu unterscheiden:

- Einmal kann der Wunsch nach einem Behandlungsabbruch festgehalten werden.
- Zum anderen kann der Wunsch auf Fortführung einer Behandlung und auf medizinische Maximalbetreuung niedergelegt werden.

Daneben sollten Anweisungen zu konkreten Behandlungswünschen erteilt werden, zum Beispiel:

- Darf eine Bluttransfusion vorgenommen werden?
- Darf eine Dialyse vorgenommen werden?
- Soll eine künstliche Beatmung erlaubt sein?
- Dürfen noch nicht zugelassene Medikamente eingesetzt werden?
- Darf eine Organtransplantation erfolgen?

Im Jahr 2013 hat die Bundesärztekammer ein „Arbeitspapier zum Verhältnis von Patientenverfügung und Organspendeerklärung" herausgegeben. Dieses Arbeitspapier beschreibt verschiedene Fallkonstellationen und enthält auch Textbausteine zur Ergänzung/Vervollständigung einer Patientenverfügung. Ein Hinweis- und Empfehlungsschreiben im Deutschen Ärzteblatt aus dem Jahr 2018 nimmt auf diese Textbausteine Bezug. Es spricht somit einiges dafür, dass diese Textbausteine von beteiligten Medizinern wiedererkannt werden, dies spricht für eine Akzeptanz der Formulierungen. Das Arbeitspapier bietet im Wesentlichen zwei Formulierungen, wobei eine Formulierung mit einem Zusatz erweitert werden kann:

- Es ist mir bewusst, dass Organe nur nach Feststellung des Hirntods bei aufrechterhaltenem Kreislauf entnommen werden können. Deshalb gestatte ich ausnahmsweise für den Fall, dass bei mir eine Organspende medizinisch infrage kommt, die kurzfristige (Stunden bis höchstens wenige Tage umfassende) Durchführung intensivmedizinischer Maßnahmen zur Bestimmung des Hirntods nach den Richtlinien der Bundesärztekammer und zur anschließenden Entnahme der Organe.
  [Optionale Ergänzung: Dies gilt auch für die Situation, dass der Hirntod nach Einschätzung der Ärzte in wenigen Tagen eintreten wird.]

  oder

- Ich lehne eine Entnahme meiner Organe nach meinem Tod zu Transplantationszwecken ab.

Kann aktive Sterbehilfe verlangt werden?

Niemand wird letztlich einen Wunsch befolgen, der ihn in die Gefahr einer strafrechtlichen Verurteilung bringt. Nun stellt sich die Frage, inwieweit ein Sterbewunsch Berücksichtigung finden kann, ohne dass sich beispielsweise der befolgende Arzt in die Gefahr einer strafbaren Handlung begibt.

Als aktive Sterbehilfe bezeichnet man die Verkürzung des verlöschenden Lebens durch eine aktive Einflussnahme auf den Krankheits- und Sterbeprozess vor Eintritt des Hirntods.

Wer eine solche aktive Handlung durchführt und damit letztlich ursächlich für den Tod des Patienten wird, ist unabhängig vom Vorliegen einer entsprechenden Patientenverfügung strafbar gemäß § 216 StGB.

Wird der Wunsch nach einer eigenen aktiven Tötung in einer Patientenverfügung festgelegt, wird dieser im Hinblick auf strafrechtliche Konsequenzen wohl schwerlich verfolgt werden können.

Sind Behandlungsabbruch bzw. lebensverkürzende Maßnahmen möglich?

Eine gezielte Schmerzlinderung ist straflos, wenn sie nicht nur zu einer Bewusstseinstrübung führt, sondern auch eine lebensverkürzende Wirkung mit sich bringt. Eine palliativmedizinische Behandlung ist gerade eine ärztliche Pflicht, wenn der Patient im Sterben liegt. Auch eine Schmerztherapie, die mit einer lebensverkürzenden Auswirkung als unbeabsichtigte Nebenfolge einhergeht, wird als straflos erachtet und kann unproblematisch in einer Patientenverfügung angeordnet werden. Diese sogenannte indirekte Sterbehilfe soll ein Sterben in Würde und Schmerzfreiheit entsprechend dem erklärten oder mutmaßlichen Patientenwillen ermöglichen. Dieses Rechtsgut ist als höherwertiger einzustufen als die Aussicht, unter schwersten Schmerzen noch kurze Zeit länger leben zu können bzw. zu müssen.

Vor der Einführung des § 1827 BGB musste immer unterschieden werden, ob ein Sterbevorgang bereits eingesetzt hat, ob ein Behandlungsabbruch bzw. lebensverkürzende Maßnahmen erlaubt sind oder nicht. § 1827 Abs. 3 BGB regelt nun ausdrücklich, dass es auf den Eintritt oder Nichteintritt des Sterbevorgangs nicht mehr ankommt. Die Anordnung in einer Patientenverfügung gilt vielmehr unabhängig von Art und Stadium der Erkrankung. Sind daher ein Behandlungsabbruch bzw. lebensverkürzende Maßnahmen von dem in der Patientenverfügung geäußerten Willen gedeckt, darf der Arzt die entsprechende Maßnahme unabhängig vom Stadium der Erkrankung vornehmen.

Muss ein Wunsch nach medizinischer Maximalbehandlung befolgt werden?

Ein Wunsch nach medizinischer Maximalbehandlung kann nur im Rahmen des generellen Heil- und Pflegeauftrags eines Arztes bindend sein. Sind die Maßnahmen medizinisch nicht mehr indiziert, kann ein Arzt auch durch Patientenverfügung nicht dahingehend gezwungen werden.

Ist eine Kombination mit einer Betreuungsverfügung oder Vorsorgevollmacht möglich?

Eine Patientenverfügung lässt sich sinnvoll mit einer Betreuungsverfügung oder einer Vorsorgevollmacht kombinieren.

Damit behandelnde Ärzte, Angehörige oder ggf. das Betreuungsgericht die Wünsche des Patienten berücksichtigen, ist es sinnvoll, einen Bevollmächtigten zu benennen und diesen mit der Aufgabe zu betrauen, die in der Patientenverfügung geregelten Wünsche dann auch gegenüber Dritten durchzusetzen. So wird gewährleistet, dass der Patientenwille tatsächlich umgesetzt wird.

Gleiche Anweisung kann auch in einer Betreuungsverfügung als Anweisung für den Betreuer abgefasst werden.

Betreuer und Vorsorgebevollmächtigter sind nach § 1828 BGB darüber hinaus Ansprechpartner des Arztes.

§ 1828 BGB – Gespräch zur Feststellung des Patientenwillens

(1) $_1$Der behandelnde Arzt prüft, welche ärztliche Maßnahme im Hinblick auf den Gesamtzustand und die Prognose des Patienten indiziert ist. $_2$Er und der Betreuer erörtern diese Maßnahme unter Berücksichtigung des

Patientenwillens als Grundlage für die nach § 1827 zu treffende Entscheidung.

(2) Bei der Feststellung des Patientenwillens nach § 1827 Absatz 1 oder
 der Behandlungswünsche oder des mutmaßlichen Willens nach § 1827 Absatz 2 soll nahen Angehörigen und sonstigen Vertrauenspersonen des Betreuten Gelegenheit zur Äußerung gegeben werden, sofern dies ohne erhebliche Verzögerung möglich ist.

(3) Die Absätze 1 und 2 gelten für Bevollmächtigte entsprechend.

Interessante Fallbeispiele

1. Fall

Wird bei einem bewusstlosen Unfallopfer eine Patientenverfügung aufgefunden, die unter anderem Reanimationsmaßnahmen untersagt, wird dennoch eine Erstversorgung am Unfallort durchgeführt.

In einer solchen Situation ist noch nicht absehbar, ob die Unfallverletzungen letztlich zum Tod führen werden. Nur bei einem unheilbaren Krankheitsverlauf ist der Abbruch bzw. die Nichtvornahme einer ärztlichen Maßnahme zulässig.

2. Fall

Verfasst ein unheilbar Kranker eine Patientenverfügung, sollte er sich am besten – bereits schon bevor er selbst entscheidungsunfähig wird – rechtzeitig mit dem behandelnden Arzt besprechen.

So können spezifische Wünsche des Patienten auf den zu erwartenden Krankheitsverlauf und damit auf konkrete Behandlungssituationen abgestimmt werden. Darüber hinaus kann der Arzt dabei direkt den Wunsch des Patienten erfahren, so dass die Akzeptanz, entsprechend der Patientenverfügung zu handeln, wesentlich erhöht wird. Die Patientenverfügung dient in diesem Fall auch dem Arzt, die gemeinsam mit dem Patienten besprochenen Behandlungswünsche nach außen hin klarstellen zu können.

Praxis-Tipp:

Es gilt, das Gespräch mit den behandelnden Ärzten zu suchen, Angehörige dabei einzubinden und eine Patientenverfügung abzufassen, die auf den konkreten Krankheitsverlauf einschließlich möglicherweise auftretender Komplikationen eingeht. Im Fall der Bevollmächtigung ist es empfehlenswert, die Ärzte gegenüber dem Bevollmächtigten von der Schweigepflicht zu entbinden.

3. Fall

Sofern ein Gesunder für den Fall eigener irreversibler Bewusstlosigkeit Behandlungswünsche regeln möchte, ist dies mit einer Patientenverfügung möglich.

Tritt ein solcher Fall tatsächlich ein, wird die Abklärung der Frage, ob der Bewusstseinsverlust tatsächlich irreversibel ist, einige Zeit bedürfen.

Dabei wird allein schon wegen der Notwendigkeit weiterer Entscheidungen des Betreuungsgerichts ein Betreuer bestellt werden, wenn keine Vorsorgevollmacht zugunsten eines Bevollmächtigten erstellt wurde.

Praxis-Tipp:

Bei einem Krankheitsbild ohne vorhersehbaren Verlauf ist eine individuelle, auf einen zu erwartenden Krankheitsverlauf bezogene Patientenverfügung nicht möglich. Es empfiehlt sich daher, die Wünsche allgemein zu halten. Sofern aber Maßnahmen per se abgelehnt werden (z. B. künstliche Ernährung durch die Bauchdecke), sollten diese Wünsche dennoch aufgenommen werden.

3.

Formulierungshilfen für Patientenverfügungen

Grundsätzliches

Bei allen Formulierungsbeispielen handelt es sich lediglich um Anregungen, die wegen der anwaltlichen oder notariellen Einzelfallgestaltung selbstverständlich keinen Anspruch auf Vollständigkeit bzw. ungeprüfte Übernahmefähigkeit erheben können.

Patientenverfügung mit Wunsch nach einem Behandlungsabbruch

Sofern die Patientenverfügung zu einem Zeitpunkt abgefasst wird, in dem der Verfügende kein spezifisches Krankheitsbild aufweist, kann eine Orientierung an folgender Formulierung erfolgen. Sobald ein medizinischer Befund über eine Erkrankung vorliegt, sollte nach umfassender ärztlicher Aufklärung eine individuelle, auf das Krankheitsbild und dessen Verlauf bezogene Patientenverfügung abgefasst werden.

Patientenverfügung

Von:

Name: ______________________________

Vorname: ______________________________

Geburtsdatum: ______________________________

Straße: ______________________________

PLZ/Wohnort: ______________________________

Für den Fall, dass ich nicht mehr in der Lage sein sollte, meine Angelegenheiten selbst zu regeln, verfüge ich im jetzigen Vollbesitz meiner geistigen Kräfte und in voller Kenntnis von Inhalt und Tragweite meines hier geäußerten Willens als Anweisung an die mich behandelnden Ärzte wie folgt:

Ich errichte diese Patientenverfügung vor dem Hintergrund der folgenden ethischen, religiösen und persönlichen Werteinstellung sowie meiner folgenden Erfahrungen:

Wenn bei schwersten Gehirnschäden die Wahrscheinlichkeit des Verlusts der Fähigkeit Einsichten zu gewinnen, Entscheidungen zu treffen und mit anderen Menschen zu kommunizieren verbunden ist, wenn ich mich in einem Zustand der Dauerbewusstlosigkeit bzw. im Zustand eines Wachkomas befinde oder wenn sich im Fall eines schleichenden Gehirnabbauprozesses, aufgrund dessen es mir nicht mehr möglich ist, selbst oder mit Hilfe Dritter Flüssigkeit oder Nahrung auf natürliche Weise zu mir zu nehmen – ausdrücklich umfasst sein sollen hier auch alle Formen der Demenzerkrankungen, auch bei einem noch nicht absehbaren Todeszeitpunkt und vor Eintritt des direkten Sterbeprozesses,

- sollen an mir keine lebenserhaltenden Maßnahmen (z. B. Beatmung, Dialyse, Bluttransfusion, Medikamente) vorgenommen werden bzw. bereits begonnene abgebrochen werden, insbesondere wünsche ich das Unterlassen des Versuchs einer Wiederbelebung;
- wünsche ich die Durchführung fachgerechter Pflege von Mund- und Schleimhäuten sowie Körperpflege und das Lindern von Atemnot, Übelkeit, Angst, Unruhe und anderen belastenden Symptomen;
- wünsche ich keine künstliche Ernährung, unabhängig von der Form der Zuführung der Nahrung, und bestimme im Weiteren, dass eine bereits erfolgte künstliche Ernährung eingestellt wird;
- wünsche ich eine Reduzierung der künstlichen Flüssigkeitszufuhr nach ärztlichem Ermessen;

- wünsche ich die Gabe von Antibiotika nur zur Linderung meiner Beschwerden, nicht zur Lebensverlängerung und nicht zur Behandlung von Begleitinfekten;
- wünsche ich weitestgehende Beseitigung von Begleitsymptomen, insbesondere von Schmerzen. Dabei dürfen auch bewusstseinsdämpfende Mittel zur Beschwerdelinderung eingesetzt werden. Eine damit unter Umständen verbundene Lebensverkürzung nehme ich in Kauf;
- wünsche ich mir geistlichen Beistand durch:

  Name/Vorname: ______________________

  Adresse: ______________________

  Telefon: ______________________

- wünsche ich, dass mein Hausarzt:

  Name/Vorname: ______________________

  Adresse: ______________________

  Telefon: ______________________

- sowie folgende Person:

  Name/Vorname: ______________________

  Adresse: ______________________

  Telefon: ______________________

  verständigt werden, um mir persönlichen Beistand zu leisten;
- bin ich mit einer Obduktion zur Befunderklärung einverstanden/nicht einverstanden;
- bin ich mit einer Organentnahme einverstanden (mein Organspendeausweis liegt dieser Verfügung anbei). Es ist mir bewusst, dass Organe nur nach Feststellung des Hirntods bei aufrechterhaltenem Kreislauf entnommen werden können. Deshalb gestatte ich ausnahmsweise für den Fall, dass bei mir eine Organspende medizinisch infrage kommt, die kurzfristige (Stunden bis höchstens wenige Tage umfassende) Durchführung intensivmedizinischer Maßnahmen zur Bestimmung des Hirntods nach den Richtlinien der Bundesärztekammer und zur anschließenden Entnahme der Organe.

Bei Auftreten rechtlicher Komplikationen ist umgehend mein Rechtsanwalt zu verständigen:

Name/Vorname: ______________________________

Adresse: ______________________________

Telefon: ______________________________

3

Die in dieser Verfügung getroffenen Entscheidungen erfolgten nach eingehender und reiflicher Überlegung und stellen meine generelle ethische Grundeinstellung zu Fragen eines Behandlungsabbruchs dar. In einer konkreten Situation, in der über einen Behandlungsabbruch der an mir vorgenommenen Heilmaßnahmen zu entscheiden ist, bitte ich meine behandelnden Ärzte, diese Patientenverfügung als verbindlich anzunehmen und entsprechend meinem Willen zu verfahren. Eine andere Entscheidung als die hier zum Ausdruck gebrachte kommt für mich nicht infrage. Ich wurde durch den Arzt

Name/Vorname: ______________________________

Adresse: ______________________________

Telefon: ______________________________

zu medizinischen Fragen dieser Patientenverfügung betreffend aufgeklärt, insbesondere zu Fragen eines Abbruchs lebenserhaltender und -verlängernder Maßnahmen.

Rechtsanwältin/Rechtsanwalt:

Name/Vorname: ______________________________

Adresse: ______________________________

Telefon: ______________________________

hat mich in juristischer Hinsicht über die rechtlichen Auswirkungen dieser Patientenverfügung eingehend beraten.

Für den Fall, dass für mich trotz der von mir erstellten Generalvollmacht ein Betreuer bestellt wird, ist dieser ebenfalls an diese Erklärung gebunden sowie an die in meiner Generalvollmacht getroffenen Verfügungen. Meine in dieser Patientenverfügung abgegebenen Erklärungen gelten dann als Betreuungsverfügung.

______________________	______________________
Ort, Datum	Verfügender

3

Die nachfolgend aufgeführten Zeugen bestätigen, dass ich die Patientenverfügung im Vollbesitz meiner geistigen Kräfte verfasst habe, und stehen als Ansprechpartner für eine Äußerung nach § 1828 Abs. 2 BGB zur Verfügung:

1. Zeuge:

Name: ______________________

Vorname: ______________________

Geburtsdatum: ______________________

Straße: ______________________

PLZ/Wohnort: ______________________

Datum, Unterschrift: ______________________

2. Zeuge:

Name: ______________________

Vorname: ______________________

Geburtsdatum: ______________________

Straße: ______________________

PLZ/Wohnort: ______________________

Datum, Unterschrift: ______________________

Diese Patientenverfügung entspricht nach wie vor meinem Willen:

______________________	______________________
Ort, Datum	Verfügender
______________________	______________________
Ort, Datum	Verfügender

Patientenverfügung mit Wunsch nach medizinischer Maximalbehandlung

Bindend kann ein solcher Behandlungswunsch nur im Rahmen des generellen Heil- und Pflegeauftrags des Adressaten sein. Insbesondere zu Maßnahmen, die medizinisch nicht mehr indiziert sind, kann der Arzt auch auf diesem Weg nicht gezwungen werden.

3

Patientenverfügung

Von: ______________________

Name: ______________________

Vorname: ______________________

Geburtsdatum: ______________________

Straße: ______________________

PLZ/Wohnort: ______________________

Für den Fall, dass ich nicht mehr in der Lage sein sollte, meine Angelegenheiten selbst zu regeln, verfüge ich im jetzigen Vollbesitz meiner geistigen Kräfte und in voller Kenntnis von Inhalt und Tragweite meines hier geäußerten Willens wie folgt:

In der Hoffnung und dem Vertrauen auf den medizinischen Fortschritt und die damit verbundene Hoffnung auf zukünftige Heilung derzeit unheilbar erscheinender Krankheiten und Verletzungen wünsche ich in jedem Stadium einer möglichen Erkrankung oder Verletzung, auch bei einer infausten Prognose oder einem bereits eingetretenen Sterbevorgang, dass mir eine optimale medizinische Maximalbehandlung gewährt wird.

Dabei bin ich auch damit einverstanden und wünsche ausdrücklich, dass auch neue, noch nicht zugelassene Medikamente und nicht allgemein anerkannte bzw. zugelassene Behandlungsmethoden zur Anwendung kommen.

Des Weiteren

- wünsche ich mir geistlichen Beistand durch:

  Name/Vorname: ______________________

  Adresse: ______________________

  Telefon: ______________________

- wünsche ich, dass mein Hausarzt:

  Name/Vorname: ______________________

  Adresse: ______________________

  Telefon: ______________________

- sowie folgende Person

  Name/Vorname: ______________________________

  Adresse: ______________________________

  Telefon: ______________________________

verständigt werden, um mir persönlichen Beistand zu leisten.

- bin ich mit einer Obduktion zur Befunderklärung einverstanden/nicht einverstanden.
- lehne ich eine Entnahme meiner Organe nach meinem Tod zu Transplantationszwecken ab.

Die in dieser Verfügung getroffenen Entscheidungen erfolgten nach eingehender und reiflicher Überlegung und stellen meine generelle ethische Grundeinstellung zu Fragen eines Behandlungsabbruchs dar. In einer konkreten Situation, in der über einen Behandlungsabbruch der an mir vorgenommenen Heilmaßnahmen zu entscheiden ist, bitte ich meine behandelnden Ärzte, diese Patientenverfügung als verbindlich anzunehmen und entsprechend meinem Willen zu verfahren. Eine andere Entscheidung als die hier zum Ausdruck gebrachte kommt für mich nicht infrage.

Ich wurde durch den Arzt/die Ärztin:

Name/Vorname: ______________________________

Adresse: ______________________________

Telefon: ______________________________

zu medizinischen Fragen dieser Patientenverfügung betreffend aufgeklärt, insbesondere zu Fragen eines Abbruchs lebenserhaltender und -verlängernder Maßnahmen und einer medizinischen Maximalbehandlung.

Rechtsanwältin/Rechtsanwalt:

Name/Vorname: ______________________________

Adresse: ______________________________

Telefon: ______________________________

4.

Die Vorsorgevollmacht

Das sollten Sie wissen!

Während sich die Patientenverfügung direkt an die behandelnden Ärzte wendet, wird mittels einer Vorsorgevollmacht ein Bevollmächtigter ernannt, der sich dann einerseits um alle finanziellen Angelegenheiten (sog. vermögensrechtliche Angelegenheiten) kümmert und darüber hinaus Entscheidungen im Hinblick auf ärztliche Behandlungen und sonstige im Rahmen einer Pflege oder Betreuung erforderlichen Maßnahmen (sog. persönliche Angelegenheiten) anstelle des Vollmachtgebers trifft.

Die Vorsorgevollmacht ist damit ein weiteres Instrument, um die Ausübung des Selbstbestimmungsrechts für den Fall der eigenen Entscheidungsunfähigkeit zu gewährleisten. Dabei besteht die Besonderheit, dass die Ausübung des Selbstbestimmungsrechts auf eine Person oder auch mehrere Personen des eigenen Vertrauens übertragen wird und diese dann für die Beachtung des eigenen Willens bei allen anfallenden Entscheidungen sorgen.

Wichtig: Bislang war es ein Irrtum, anzunehmen, dass Eheleute sich bei Geschäften oder der Ausübung von Patientenrechten gegenseitig vertreten könnten bzw. auch nahen Angehörigen solche Rechte zustehen würden. Die Rechtslage hat sich hier deutlich verändert.

Neu: Das gesetzliche Vertretungsrecht zwischen Eheleuten

Der durch die Gesetzesreform neu geschaffene § 1358 BGB (also eine Regelung, die systematisch im Abschnitt zur Bürgerlichen Ehe angesiedelt ist) beinhaltet ein (inhaltlich und zeitlich begrenztes) gesetzliches Vertretungsrecht für Ehegatten.

§ **§ 1358 – Gegenseitige Vertretung von Ehegatten in Angelegenheiten der Gesundheitssorge**

(1) Kann ein Ehegatte aufgrund von Bewusstlosigkeit oder Krankheit seine Angelegenheiten der Gesundheitssorge rechtlich nicht besorgen

(vertretener Ehegatte), ist der andere Ehegatte (vertretender Ehegatte) berechtigt, für den vertretenen Ehegatten

1. in Untersuchungen des Gesundheitszustandes, Heilbehandlungen oder ärztliche Eingriffe einzuwilligen oder sie zu untersagen sowie ärztliche Aufklärungen entgegenzunehmen,
2. Behandlungsverträge, Krankenhausverträge oder Verträge über eilige Maßnahmen der Rehabilitation und der Pflege abzuschließen und durchzusetzen,
3. über Maßnahmen nach § 1831 Absatz 4 zu entscheiden, sofern die Dauer der Maßnahme im Einzelfall sechs Wochen nicht überschreitet, und
4. Ansprüche, die dem vertretenen Ehegatten aus Anlass der Erkrankung gegenüber Dritten zustehen, geltend zu machen und an die Leistungserbringer aus den Verträgen nach Nummer 2 abzutreten oder Zahlung an diese zu verlangen.

(2) $_{1}$Unter den Voraussetzungen des Absatzes 1 und hinsichtlich der in Absatz 1 Nummer 1 bis 4 genannten Angelegenheiten sind behandelnde Ärzte gegenüber dem vertretenden Ehegatten von ihrer Schweigepflicht entbunden. $_{2}$Dieser darf die diese Angelegenheiten betreffenden Krankenunterlagen einsehen und ihre Weitergabe an Dritte bewilligen.

(3) Die Berechtigungen nach den Absätzen 1 und 2 bestehen nicht, wenn

1. die Ehegatten getrennt leben,
2. dem vertretenden Ehegatten oder dem behandelnden Arzt bekannt ist, dass der vertretene Ehegatte
   a) eine Vertretung durch ihn in den in Absatz 1 Nummer 1 bis 4 genannten Angelegenheiten ablehnt oder
   b) jemanden zur Wahrnehmung seiner Angelegenheiten bevollmächtigt hat, soweit diese Vollmacht die in Absatz 1 Nummer 1 bis 4 bezeichneten Angelegenheiten umfasst,
3. für den vertretenen Ehegatten ein Betreuer bestellt ist, soweit dessen Aufgabenkreis die in Absatz 1 Nummer 1 bis 4 bezeichneten Angelegenheiten umfasst, oder
4. die Voraussetzungen des Absatzes 1 nicht mehr vorliegen oder mehr als sechs Monate seit dem durch den Arzt nach Absatz 4 Satz 1 Nummer 1 festgestellten Zeitpunkt vergangen sind.

(4) $_{1}$Der Arzt, gegenüber dem das Vertretungsrecht ausgeübt wird, hat

1. das Vorliegen der Voraussetzungen des Absatzes 1 und den Zeitpunkt, zu dem diese spätestens eingetreten sind, schriftlich zu bestätigen,
2. dem vertretenden Ehegatten die Bestätigung nach Nummer 1 mit einer schriftlichen Erklärung über das Vorliegen der Voraussetzungen des Absatzes 1 und das Nichtvorliegen der Ausschlussgründe des Absatzes 3 vorzulegen und

4

3. sich von dem vertretenden Ehegatten schriftlich versichern zu lassen, dass
   a) das Vertretungsrecht wegen der Bewusstlosigkeit oder Krankheit, aufgrund derer der Ehegatte seine Angelegenheiten der Gesundheitssorge rechtlich nicht besorgen kann, bisher nicht ausgeübt wurde und
   b) kein Ausschlussgrund des Absatzes 3 vorliegt.

$_{2}$Das Dokument mit der Bestätigung nach Satz 1 Nummer 1 und der Versicherung nach Satz 1 Nummer 3 ist dem vertretenden Ehegatten für die weitere Ausübung des Vertretungsrechts auszuhändigen.

(5) Das Vertretungsrecht darf ab der Bestellung eines Betreuers, dessen Aufgabenkreis die in Absatz 1 Nummer 1 bis 4 bezeichneten Angelegenheiten umfasst, nicht mehr ausgeübt werden.

(6) § 1821 Absatz 2 bis 4, § 1827 Absatz 1 bis 3, § 1828 Absatz 1 und 2, § 1829 Absatz 1 bis 4 sowie § 1831 Absatz 4 in Verbindung mit Absatz 2 gelten entsprechend.

Diese Neuregelung sorgt in der Praxis gerade bei jüngeren Ehepaaren, die altersbedingt noch nicht an die Erteilung einer General- und Vorsorgevollmacht gedacht hatten, dafür, dass im „Ernstfall" der nicht „betroffene" Ehegatte im gesetzlich vorgegeben Rahmen handeln kann.

Die Regelung zum gesetzlichen Ehegattenvertretungsrecht zeigt:

Das gesetzliche Ehegattenvertretungsrecht

- beinhaltet keine umfassende Regelungskompetenz wie eine General- und Vorsorgevollmacht. Erfasst sind insbesondere medizinische Fragen, die Entscheidung über freiheitsentziehende Maßnahmen und „Annexfragen", eine umfassende Vermögenssorge ist z. B. nicht vom gesetzlichen Vertretungsrecht umfasst.

Das gesetzliche Ehegattenvertretungsrecht

- tritt zurück, wenn ein anderweitiger Wille des vertretenen Ehegatten bekannt ist bzw. für eine Vertretung anderweitig gesorgt ist.

Das gesetzliche Ehegattenvertretungsrecht

- gilt nicht, wenn die Eheleute getrennt leben (also noch nicht geschieden sind!).

Das gesetzliche Ehegattenvertretungsrecht

- erlischt, wenn 6 Monate ab dem vom Arzt festgestellten/bestätigten „Beginn" vergangen sind.

Die Einschränkungen des gesetzlichen Ehegattenvertretungsrechts zeigen, dass dieses lediglich eine Übergangslösung für Eheleute sein kann.

In Fällen, in denen

- Personen eine Handlungsmöglichkeit eingeräumt werden soll, die nicht mit der vertretenen Person verheiratet sind,
- eine Vertretungsmöglichkeit, die über 6 Monate hinaus gelten soll, gewünscht ist
- eine Vertretungsmöglichkeit geschaffen werden soll, die über das gesetzliche Maß hinausgeht,

bleibt (neben der Anordnung einer Betreuung) die Errichtung einer Betreuungsverfügung bzw. eine General- und Vorsorgevollmacht nach wie vor eine sinnvolle bzw. die einzige Option, sofern (insbesondere bei der Vollmacht) geeignete Personen die eventuell anfallenden Aufgaben übernehmen können und wollen.

Wann ist eine Vorsorgevollmacht nötig?

Vermögensverwaltung

Sollten Sie vorübergehend oder dauerhaft zur Regelung Ihrer persönlichen und finanziellen Angelegenheiten außerstande sein, wird durch die Vorsorgevollmacht gewährleistet, dass Ihre Interessen durch eine Person Ihres Vertrauens vertreten werden. Insbesondere der Gefahr einer mangelhaften Verwaltung Ihres Vermögens sowie der Gefahr, gegen Ihren tatsächlichen Willen Dritten „ausgeliefert" zu sein, wird somit vorgebeugt.

Absicherung der Erben

Weiterhin ist zu beachten, dass mit der Testamentserrichtung allein die Absicherung der Erben nicht gewährleistet wird. Erbstreitigkeiten führen oftmals dazu, dass über das Nachlassvermögen, insbesondere die Konten, nicht verfügt werden kann. Das gesamte Vermögen liegt somit brach.

Mithilfe einer Vollmacht, die über den eigenen Tod hinaus wirksam ist (sog. transmortale Vollmacht), kann dieser Gefahr vorgebeugt werden, denn der Bevollmächtigte kann, je nach Errichtungsform der Vollmacht, auch ohne Erteilung eines Erbscheins über das Nachlassvermögen verfügen. So wird sichergestellt, dass beispielsweise Beerdigungskosten problemlos beglichen werden können und das Vermögen im Übrigen weiter verwaltet werden kann.

Wichtig: Gerade im Hinblick auf sich zunehmend im Nachlassvermögen befindliche Wertpapierdepots, die naturgemäß eine flexible und schnelle Verwaltung benötigen, um optimale Gewinne zu erwirtschaften, erscheint eine Vollmacht über den Tod hinaus auch im Interesse der Erben unabdingbar. Mit einer entsprechenden Klausel kann die Vorsorgevollmacht hier problemlos in ihrer Wirkung über den Tod hinaus erweitert werden. Es wird allerdings empfohlen, immer im Vorfeld mit der Bank zu sprechen, ggf. ist die zusätzliche Errichtung einer Bankvollmacht sinnvoll.

Achtung: Zuletzt wurden im Zusammenhang mit Vollmachten, die nach dem Tod zur Nachlassverwaltung/Nachlassabwicklung eingesetzt wurden, kritische Gerichtsentscheidungen getroffen. Dies gilt zumindest für Vorsorgevollmachten, die nicht notariell, sondern nach § 6 BtBG bei der Betreuungsbehörde beglaubigt wurden. Nachdem zunächst seitens der Rechtsprechung klargestellt worden war, dass von der Betreuungsbehörde beglaubigte Vollmachten den Anforderungen des § 29 GBO genügen, wird nach der neuen Rechtslage ab dem 01.01.2023 die „Beglaubigungswirkung" (durch die Betreuungsbehörde) mit dem Tod des Vollmachtgebers wegfallen. Es empfiehlt sich, sollte die Vollmacht auch nach dem Tod des Vollmachtgebers eingesetzt werden, eine Beratung zu diesem Fragenkreis vor Erstellung einer Vollmacht wahrzunehmen.

Persönliche Angelegenheiten und Gesundheitsfragen

Da im Fall der eigenen Handlungsunfähigkeit bzw. Hilfsbedürftigkeit auch Entscheidungen persönlicher Natur anfallen, wie beispielsweise Auswahl des Krankenhauses, der Behandlungs- und Therapiemethoden, Unterbringung in einem Pflegeheim oder häusliche Betreuung etc., kann auch hier mithilfe einer Vollmacht (sog. Vollmacht für persönliche Angelegenheiten) Vorsorge getroffen werden.

Sofern eine Vorsorgevollmacht auch für diesen Bereich abgefasst wird, wird die Gefahr, dass Behörden, Gerichte und Berufsbetreuer anstelle eines persönlichen Vertrauten über die Lebensgestaltung des Betroffenen entscheiden, deutlich verringert. Denn anstelle eines Betreuers wird eine Person des eigenen Vertrauens als Bevollmächtigter die Entscheidungen nach den Wünschen des Betroffenen treffen.

Die gesetzlichen Regelungen in Bezug auf freiheitsentziehende Maßnahmen und ärztliche Zwangsmaßnahmen wurden vom Gesetzgeber mehrmals angepasst. Um in Fragen der Gesundheitssorge die Entscheidungsbefugnis des Bevollmächtigten auch bei schwerwiegenden Eingriffen bzw. Fragen zu garantieren, muss die Vollmacht nach der neuesten Rechtslage die Maßnahmen nach §§ 1829, 1831 und 1832 BGB umfassen. Dem Vollmachtgeber muss unmissverständlich vor Augen geführt werden, dass er dem Bevollmächtigten weiterreichende Kompetenzen übertragen kann, die auch Situationen der Freiheitseinschränkung, des Zwangs und Gefahr für Gesundheit oder gar Leben umfassen.

§ 1829 BGB – Genehmigung des Betreuungsgerichts bei ärztlichen Maßnahmen

(1) $_1$Die Einwilligung des Betreuers in eine Untersuchung des Gesundheitszustands, eine Heilbehandlung oder einen ärztlichen Eingriff bedarf der Genehmigung des Betreuungsgerichts, wenn die begründete Gefahr besteht, dass der Betreute aufgrund der Maßnahme stirbt oder einen

schweren und länger dauernden gesundheitlichen Schaden erleidet. $_{2}$Ohne die Genehmigung darf die Maßnahme nur durchgeführt werden, wenn mit dem Aufschub Gefahr verbunden ist.

(2) Die Nichteinwilligung oder der Widerruf der Einwilligung des Betreuers in eine Untersuchung des Gesundheitszustands, eine Heilbehandlung oder einen ärztlichen Eingriff bedarf der Genehmigung des Betreuungsgerichts, wenn die Maßnahme medizinisch angezeigt ist und die begründete Gefahr besteht, dass der Betreute aufgrund des Unterbleibens oder des Abbruchs der Maßnahme stirbt oder einen schweren und länger dauernden gesundheitlichen Schaden erleidet.

(3) Die Genehmigung nach den Absätzen 1 und 2 ist zu erteilen, wenn die Einwilligung, die Nichteinwilligung oder der Widerruf der Einwilligung dem Willen des Betreuten entspricht.

(4) Eine Genehmigung nach den Absätzen 1 und 2 ist nicht erforderlich, wenn zwischen Betreuer und behandelndem Arzt Einvernehmen darüber besteht, dass die Erteilung, die Nichterteilung oder der Widerruf der Einwilligung dem nach § 1827 festgestellten Willen des Betreuten entspricht.

(5) Die Absätze 1 bis 4 gelten nach Maßgabe des § 1820 Absatz 2 Nummer 1 für einen Bevollmächtigten entsprechend.

§ 1831 BGB – Freiheitsentziehende Unterbringung und freiheitsentziehende Maßnahmen

(1) Eine Unterbringung des Betreuten durch den Betreuer, die mit Freiheitsentziehung verbunden ist, ist nur zulässig, solange sie erforderlich ist, weil

1. aufgrund einer psychischen Krankheit oder geistigen oder seelischen Behinderung des Betreuten die Gefahr besteht, dass er sich selbst tötet oder erheblichen gesundheitlichen Schaden zufügt, oder
2. zur Abwendung eines drohenden erheblichen gesundheitlichen Schadens eine Untersuchung des Gesundheitszustands, eine Heilbehandlung oder ein ärztlicher Eingriff notwendig ist, die Maßnahme ohne die Unterbringung des Betreuten nicht durchgeführt werden kann und der Betreute aufgrund einer psychischen Krankheit oder geistigen

oder seelischen Behinderung die Notwendigkeit der Unterbringung nicht erkennen oder nicht nach dieser Einsicht handeln kann.

(2) $_1$Die Unterbringung ist nur mit Genehmigung des Betreuungsgerichts zulässig. $_2$Ohne die Genehmigung ist die Unterbringung nur zulässig, wenn mit dem Aufschub Gefahr verbunden ist; die Genehmigung ist unverzüglich nachzuholen.

(3) $_1$Der Betreuer hat die Unterbringung zu beenden, wenn ihre Voraussetzungen weggefallen sind. $_2$Er hat die Beendigung der Unterbringung dem Betreuungsgericht unverzüglich anzuzeigen.

(4) Die Absätze 1 bis 3 gelten entsprechend, wenn dem Betreuten, der sich in einem Krankenhaus, einem Heim oder einer sonstigen Einrichtung aufhält, durch mechanische Vorrichtungen, Medikamente oder auf andere Weise über einen längeren Zeitraum oder regelmäßig die Freiheit entzogen werden soll.

(5) Die Absätze 1 bis 4 gelten nach Maßgabe des § 1820 Absatz 2 Nummer 2 für einen Bevollmächtigten entsprechend.

§ 1832 BGB – Ärztliche Zwangsmaßnahmen

(1) $_1$Widerspricht eine Untersuchung des Gesundheitszustands, eine Heilbehandlung oder ein ärztlicher Eingriff dem natürlichen Willen des Betreuten (ärztliche Zwangsmaßnahme), so kann der Betreuer in die ärztliche Zwangsmaßnahme nur einwilligen, wenn

1. die ärztliche Zwangsmaßnahme notwendig ist, um einen drohenden erheblichen gesundheitlichen Schaden vom Betreuten abzuwenden,
2. der Betreute aufgrund einer psychischen Krankheit oder einer geistigen oder seelischen Behinderung die Notwendigkeit der ärztlichen Maßnahme nicht erkennen oder nicht nach dieser Einsicht handeln kann,
3. die ärztliche Zwangsmaßnahme dem nach § 1827 zu beachtenden Willen des Betreuten entspricht,
4. zuvor ernsthaft, mit dem nötigen Zeitaufwand und ohne Ausübung unzulässigen Drucks versucht wurde, den Betreuten von der Notwendigkeit der ärztlichen Maßnahme zu überzeugen,

5. der drohende erhebliche gesundheitliche Schaden durch keine andere den Betreuten weniger belastende Maßnahme abgewendet werden kann,
6. der zu erwartende Nutzen der ärztlichen Zwangsmaßnahme die zu erwartenden Beeinträchtigungen deutlich überwiegt und
7. die ärztliche Zwangsmaßnahme im Rahmen eines stationären Aufenthalts in einem Krankenhaus, in dem die gebotene medizinische Versorgung des Betreuten einschließlich einer erforderlichen Nachbehandlung sichergestellt ist, durchgeführt wird.

$_2$§ 1867 ist nur anwendbar, wenn der Betreuer an der Erfüllung seiner Pflichten verhindert ist.

(2) Die Einwilligung in die ärztliche Zwangsmaßnahme bedarf der Genehmigung des Betreuungsgerichts.

(3) $_1$Der Betreuer hat die Einwilligung in die ärztliche Zwangsmaßnahme zu widerrufen, wenn ihre Voraussetzungen weggefallen sind. $_2$Er hat den Widerruf dem Betreuungsgericht unverzüglich anzuzeigen.

(4) Kommt eine ärztliche Zwangsmaßnahme in Betracht, so gilt für die Verbringung des Betreuten gegen seinen natürlichen Willen zu einem stationären Aufenthalt in ein Krankenhaus § 1831 Absatz 1 Nummer 2, Absatz 2 und 3 Satz 1 entsprechend.

(5) Die Absätze 1 bis 4 gelten nach Maßgabe des § 1820 Absatz 2 Nummer 3 für einen Bevollmächtigten entsprechend.

Was ist beim Abfassen der Vollmacht zu beachten?

Wichtig ist, dass derjenige, der die Vollmacht ausstellt, im Zeitpunkt der Ausstellung geschäftsfähig sein muss. Ansonsten kann eine Vollmacht nicht wirksam erteilt werden.

Eine besondere Form ist gesetzlich nicht vorgeschrieben. Weder ist es erforderlich, die Vollmacht schriftlich abzufassen noch notariell erstellen zu lassen. Gleichfalls entbehrlich ist das Hinzuziehen von Zeugen oder eine Unterschriftsbeglaubigung durch einen Notar.

Wichtig: Sinnvoll und damit auch empfehlenswert ist es, eine Vollmacht schriftlich zu erteilen. Nur so hat ein Gegenüber die Möglichkeit, die

Bevollmächtigung schnell und problemlos überprüfen zu können. Das gilt insbesondere, wenn die Vollmacht über den Tod hinaus gelten soll.

Bei Vollmachten zur Abwicklung umfangreicher Geschäfte ist es im Hinblick auf einen erhöhten Beweiswert darüber hinaus sinnvoll, die Vollmacht (notariell oder bei der Betreuungsbehörde, siehe aber die aktuellen Risiken) beglaubigen oder notariell beurkunden zu lassen. Erforderlich ist die notarielle Form bei Grundstücksgeschäften, die durch den Bevollmächtigten abgewickelt werden sollen. Das Grundbuchrecht verlangt für die „Umschreibung“ öffentliche oder öffentlich beglaubigte Urkunden. Wird die Vollmacht unwiderruflich erteilt, muss sie zwingend notariell beurkundet werden, soll mit ihr auch ein Grundstücksgeschäft abgewickelt werden.

Im persönlichen Bereich ist zu beachten, dass die Vollmacht, um in den oben genannten Fällen die Entscheidungsbefugnis des Bevollmächtigten zu garantieren, nach der neuesten Rechtslage die genannten Maßnahmen ausdrücklich umfassen muss. Dabei empfiehlt sich die Übernahme des Wortlauts der einschlägigen Vorschriften.

Der BGH hat in seiner wichtigen Entscheidung vom 06.07.2016 geurteilt, dass ein Bevollmächtigter über den Abbruch lebensverlängernder Maßnahmen nur dann entscheiden kann, wenn die Vollmacht die Maßnahmen nach §§ 1829, 1820 BGB ausdrücklich umfasst. Dem Vollmachtgeber muss unmissverständlich vor Augen geführt werden, dass er dem Bevollmächtigten die Entscheidungskompetenz auch für Situationen überträgt, in denen die Gefahr des Todes oder schwerer Gesundheitsschäden besteht.

Praxis-Tipp:

Viele Banken akzeptieren nur Vollmachten, die unter Verwendung der bankeigenen Vollmachtsformulare erstellt wurden. Diese Haltung ist im Streitfall nicht vertretbar, ein Streit um die Akzeptanz einer Vollmacht kostet aber wertvolle Zeit. Es ist daher zu empfehlen, frühzeitig mit der Bank in Kontakt zu treten und über Vollmachten zu sprechen.

Welche Inhalte können festgelegt werden?

Auswahl des Bevollmächtigten

Das Wichtigste einer Vorsorgevollmacht ist die richtige Auswahl des Bevollmächtigten. Der Bevollmächtigte muss nicht nur das absolute Vertrauen genießen, sondern darüber hinaus geeignet sein, die ihm übertragenen Aufgaben erledigen zu können. Neben einem sprichwörtlichen „blinden Vertrauen“ ist daher erforderlich, dass entsprechendes

Wissen und Sachverstand, aber auch ausreichendes Durchsetzungsvermögen zur Erledigung aller Aufgaben beim Bevollmächtigten vorhanden sind.

Gerade auch im Hinblick auf einen möglichen Missbrauch der Vollmacht muss die Auswahl des Bevollmächtigten überaus sorgfältig erfolgen!

Grundvoraussetzungen für geeignete Bevollmächtigte

- Ein gegenseitiges und schon über einen längeren Zeitraum bestehendes Vertrauensverhältnis zwischen Vollmachtgeber und Bevollmächtigtem.
- Kenntnis und Sachverstand zur Regelung der finanziellen Angelegenheiten.
- Insbesondere bei Vollmachten im persönlichen Bereich muss der Bevollmächtigte neben der Kenntnis der Grundeinstellung und der Wünsche des Vollmachtgebers auch Verständnis hierfür aufbringen.
- Der Bevollmächtigte muss die Fähigkeit und Zeit besitzen, die Wünsche des Vollmachtgebers gegenüber Dritten, insbesondere gegenüber Ärzten, Betreuungsgerichten und staatlichen Institutionen vertreten zu können.

Bitte beachten Sie, dass es bei verwandtschaftlichen und freundschaftlichen Bindungen in gewissen Entscheidungssituationen zu einem Konflikt zwischen den Interessen des Vollmachtgebers und des Bevollmächtigten kommen kann.

> ***Praxis-Tipp:***
>
> - *Sofern Bedenken hinsichtlich des Bevollmächtigten bestehen, können durch entsprechende juristische Klauseln Kontrollmechanismen eingefügt werden.*
> - *Sinnvoll ist es, einen anwaltlichen Mit- oder Kontrollbevollmächtigten zu benennen.*

Bei der Auswahl des Bevollmächtigten sind des Weiteren die gesetzlichen Voraussetzungen zu beachten. Demnach muss der Bevollmächtigte als solcher geeignet sein. Eine geschäftsunfähige Person kann nicht Bevollmächtigter werden. Im Übrigen reichen aber bloße Zweifel am Charakter oder den intellektuellen Möglichkeiten nicht aus, um eine Person ungeeignet werden zu lassen.

Probleme kann es geben, wenn ein Bevollmächtigter ausgewählt wird, der in einem Abhängigkeitsverhältnis oder in einer anderen engen Beziehung zu einer Anstalt, einem Heim oder einer sonstigen Einrichtung, in welcher der Vollmachtgeber untergebracht ist oder wohnt, steht.

Wenngleich diese Personen nicht generell davon ausgeschlossen sind, als Bevollmächtigte tätig zu werden, kann im Einzelfall seitens des Betreuungsgerichts ein Betreuer bestellt werden, falls dieses feststellt, dass die Bevollmächtigung den Interessen des Vollmachtgebers zuwiderläuft.

Festlegen der Vollmachtsart

Je nachdem, welche Aufgaben zu erledigen sind, können hierfür verschiedene Vollmachtsformen gewählt werden, wie Einzel- oder Generalvollmacht.

Einzelvollmacht

Sollen nur einzelne Aufgaben erfüllt werden, kann jede Aufgabe mit einer entsprechenden Einzelvollmacht übertragen werden, zum Beispiel eine Kontovollmacht.

Generalvollmacht

Soll hingegen eine vollständige Übertragung aller Angelegenheiten erfolgen, ist eine Generalvollmacht zur Regelung aller vermögensrechtlichen und persönlichen Angelegenheiten abzufassen. Selbstverständlich kann eine Vollmacht auch nur zur Vertretung in allen vermögensrechtlichen Angelegenheiten oder nur zur Vertretung in allen persönlichen Angelegenheiten erteilt werden.

Wichtig: Je nach Sinn und Zweck der Vollmacht kann diese auf eine Gültigkeit zu Lebzeiten begrenzt werden, über den Tod hinaus ihre Gültigkeit behalten bzw. erst mit dem Tod gültig werden.

Befugnisse des Bevollmächtigten

Grundsätzlich bestimmt der Vollmachtgeber, wie weit die Befugnisse des Bevollmächtigten reichen sollen.

Mit Ausnahme höchstpersönlicher Rechtsgeschäfte, wie zum Beispiel Eheschließung, Testamentserrichtung und dem Wahlrecht kann der Bevollmächtigte somit alle Rechtsgeschäfte vornehmen, die auch der Erblasser selbst hätte vornehmen können.

Vermögensrechtliche Angelegenheiten

Im Rahmen beispielsweise einer Bank- und/oder Kontovollmacht darf der Bevollmächtigte Überweisungen und Abhebungen für den Vollmachtgeber tätigen.

Er darf aber keinesfalls für eigene Zwecke Gelder verwenden, wie oftmals fälschlicherweise angenommen wird.

Mit der Vollmachtserteilung erhält der Bevollmächtigte keine Berechtigung, das Vermögen des Vollmachtgebers für eigene Zwecke zu verwenden – „Eine Vollmacht ist keine Schenkung!“

Praxis-Tipp:

Soll der Bevollmächtigte sich auch selbst beschenken dürfen (z. B. Gelder von Konten zu eigenen Gunsten verwenden), ist dies ausdrücklich vertraglich zu regeln. Zwecks juristisch eindeutiger Regelung und Streitvermeidung empfiehlt es sich, einen Rechtsanwalt oder Notar aufzusuchen.

Persönliche Angelegenheiten

Die Befugnisse des Bevollmächtigten hinsichtlich persönlicher Angelegenheiten orientieren sich an den gesetzlich geregelten Befugnissen eines Betreuers.

Eine exakte Differenzierung zwischen dem vermögensrechtlichen und persönlichen Bereich einer Vollmacht ist dabei vielfach nicht möglich, da diese Angelegenheiten ineinander übergreifen.

So wird beispielsweise bei der Frage, ob eine Rehabilitationsmaßnahme durchgeführt werden soll, nicht nur die persönliche Vorstellung des Patienten von Bedeutung sein, sondern auch die Frage, wie diese Maßnahme bezahlt werden kann. Und damit sind sowohl Fragen des vermögensrechtlichen als auch des persönlichen Bereichs betroffen.

Praxis-Tipp:

Um die Bestellung eines Betreuers zu vermeiden, sollte der Bevollmächtigte sowohl zur Vertretung in persönlichen als auch vermögensrechtlichen Angelegenheiten durch die Vollmacht umfangreich ermächtigt sein.

Im Übrigen gilt auch bei der Vollmacht für persönliche Angelegenheiten, dass der Vollmachtgeber regeln kann, welche Befugnisse der Bevollmächtigte haben soll.

Grundsätzlich ist es möglich, dem Bevollmächtigten die Entscheidungsbefugnis über die Einwilligung, Nichteinwilligung und Widerruf bei gravierenden medizinischen Untersuchungen und Eingriffen und/oder freiheitsentziehende Maßnahmen und/oder ärztliche Zwangsmaßnahmen zu übertragen.

Bei Fragen, zum Beispiel wo sich der Vollmachtgeber aufhalten soll und mit wem dieser Kontakt haben darf, sowie bei Entscheidungen über die Aufnahme in ein Pflegeheim, Hospiz, Krankenhaus sowie ähnlichen Einrichtungen als auch bei der Auflösung der bisherigen Wohnung kann dem Bevollmächtigten die Entscheidungsbefugnis gleichfalls übertragen werden.

Wichtig: Der Vollmachtgeber kann darüber hinaus alle seine Belange so regeln, dass seine bisherigen Lebensgewohnheiten im Rahmen des tatsächlich Möglichen auch in der Zukunft beibehalten werden können.

4

Digitaler Nachlass

Ein weiteres Beispiel für einen Bereich, der vermögensrechtliche und persönliche Belange betreffen kann, ist der sogenannte digitale Nachlass, das heißt die Verwaltung von Passwörtern zu Online-Profilen in den sozialen Netzwerken (z. B. Facebook, Twitter), Blogs, Verkaufsplattformen, Newslettern etc.

Eine Vollmacht sollte diese neue Lebenswirklichkeit abdecken, wonach der Vollmachtgeber modernste Kommunikationsmittel benutzt, lebzeitig im Internet und auf Datenträgern „Spuren“ hinterlässt und ggf. auf diesem Weg Rechtsbeziehungen und Vermögenspositionen begründet hat.

Diesem Umstand wird mit einem Vorschlag zur Ergänzung der Vollmachtstexte Rechnung getragen. Eine umfassende General- und Vorsorgevollmacht dürfte auch ohne klarstellenden Zusatz ausreichende Kompetenzen einräumen. Da die Erfahrung aber zeigt, dass eine ausdrückliche Formulierung die Akzeptanz im Rechtsverkehr erleichtern kann, wird eine (klarstellende) Formulierung empfohlen.

Vollmachtserweiterung zum digitalen Nachlass

Die Vollmacht umfasst ausdrücklich auch die Regelung, die Nutzung und die Abwicklung sämtlicher Lebensbereiche im Zusammenhang mit digitalen Medien, gleich, ob deren Inhalt geschäftlicher, vermögensrechtlicher, privater oder höchstpersönlicher Natur ist.

Die Vollmacht erstreckt sich auf sämtliche Kommunikationswege und Datenträger, und umfasst insbesondere:

- die Entgegennahme, den Zugriff, das Öffnen, das Beenden und das Löschen von Nachrichten (z. B. E-Mails, Post, Anrufe)

- das Recht, sämtliche mich betreffende Daten, einschließlich Zugangsdaten anzufordern
- das Recht, darüber zu bestimmen, ob mich betreffende Inhalte geändert oder gelöscht werden dürfen
- das Recht, Vertragsbeziehungen zu begründen oder zu beenden, sowie sämtliche Haupt- und Nebenrechte aus bestehenden Verträgen geltend zu machen
- die Nutzung vorhandener Passwörter einschließlich Ersatzpasswörter
- das Recht, über vermögensrelevante Guthaben und Nutzungsrechte zu verfügen

Ich befreie sämtliche Vertragspartner und Anbieter sowie sonstige Personen weitestmöglich vom Telekommunikationsgeheimnis (insbesondere nach dem Telekommunikationsgesetz) und sonstigen Geheimhaltungsverpflichtungen gegenüber dem Bevollmächtigten.

Exkurs: Die Stellung des Bevollmächtigten bei ärztlichen oder freiheitsentziehenden Maßnahmen gemäß §§ 1829, 1831 und 1832 BGB

Bei einer bevorstehenden medizinischen Behandlung bestimmt zunächst der behandelnde Arzt, welche medizinischen Maßnahmen indiziert sind, das heißt für die (weitere) Behandlung sinnvollerweise in Betracht kommen. Da zur Durchführung jedes medizinischen Eingriffs Ihre Einwilligung erforderlich ist – anderenfalls handelt es sich um eine Körperverletzung –, wird der Arzt in einem zweiten Schritt wissen wollen, ob Sie die bevorstehende Behandlung wollen. Dabei gehen Ihre geäußerten Wünsche, auch wenn sie nonverbal erklärt werden, jeder Patientenverfügung vor.

Sind Sie selbst aber nicht mehr in der Lage, die Einwilligung oder Nichteinwilligung in eine ärztliche oder freiheitsentziehende Maßnahme zu erklären, und haben Sie eine Vorsorgevollmacht erteilt, obliegt die Erörterung der vom behandelnden Arzt vorgeschlagenen ärztlichen Maßnahmen im Hinblick auf eine gegebene bzw. nicht gegebene Übereinstimmung mit Ihrem Willen dem Bevollmächtigten.

Hierbei gilt für den Bevollmächtigten Folgendes:

- Liegt eine schriftliche Patientenverfügung nach § 1827 Abs. 1 BGB vor, die hinreichend konkrete Festlegungen enthält, die auf die aktuelle Lebens- und Behandlungssituation zutreffen, ist der Bevollmächtigte an diese Festlegungen gebunden, das heißt, die Festlegungen sind absolut verbindlich. Er hat dann, entsprechend dem Inhalt der Patientenverfügung, die Einwilligung oder die Untersagung gegenüber dem Arzt zu erklären, um so dem Willen des Betroffenen Ausdruck zu verschaffen.
- Sollte keine Patientenverfügung vorliegen oder diese nicht den Anforderungen des § 1827 Abs. 1 Satz 1 BGB genügen oder die in der Patientenverfügung getroffenen Festlegungen nicht auf die aktuelle Lebens- und Behandlungssituation zutreffen, hat der Bevollmächtigte, bevor er die Einwilligung oder Untersagung gegenüber dem Arzt erklärt, die Behandlungswünsche oder, sofern das möglich ist, den mutmaßlichen Willen des Betreuten/Vollmachtgebers zu ermitteln. Hierzu sind insbesondere frühere mündliche oder schriftliche Äußerungen, ethische oder religiöse Überzeugungen und sonstige persönliche Wertvorstellungen zu berücksichtigen. Auch unwirksame oder nicht auf die aktuelle Lebens- und Behandlungssituation zutreffende Patientenverfügungen können hier herangezogen werden.

In beiden Fällen sagt § 1828 Abs. 2 BGB, dass nahen Angehörigen und sonstigen Vertrauenspersonen Gelegenheit zur Äußerung gegeben werden soll, sofern dies nicht zu erheblichen Verzögerungen führt.

Maßnahmen nach § 1829 BGB

§ 1829 BGB behandelt die Situation, dass eine Untersuchung des Gesundheitszustands, eine Heilbehandlung oder ein ärztlicher Eingriff mit der Gefahr verbunden ist, dass der Vollmachtgeber aufgrund der Maßnahme stirbt oder einen schweren und länger dauernden gesundheitlichen Schaden erleidet.

Auch in diesem Fall hat der Bevollmächtigte entweder wegen einer Patientenverfügung oder nach Feststellen des mutmaßlichen Willens entweder die Einwilligung, die Nichteinwilligung oder den Widerruf der Einwilligung für den Vollmachtgeber zu erklären.

Die Schwere des möglicherweise bevorstehenden Eingriffs macht gemäß § 1829 Abs. 1 Satz 1 BGB aber zusätzlich die Genehmigung des Betreuungsgerichts erforderlich. Dabei ist die Genehmigung zu erteilen, wenn das, was der Bevollmächtigte erklären will, nach Überzeugung des Gerichts dem Willen des Vollmachtgebers entspricht. Es soll wegen der Intensität der Maßnahme mittels eines gerichtlichen Verfahrens sichergestellt werden, dass der Wille des Vollmachtsgebers umgesetzt wird. Diese gerichtliche Kontrolle ist nur dann entbehrlich, wenn mit der durch die Einholung der Genehmigung verbundenen Verzögerung Gefahr für den Vollmachtgeber verbunden ist oder zwischen dem Bevollmächtigten und dem behandelnden Arzt Einvernehmen darüber besteht, dass die Einwilligung/Nichteinwilligung/Widerruf der Einwilligung dem Willen des Vollmachtgebers entspricht.

Maßnahmen nach §§ 1831 und 1832 BGB

Der Bevollmächtigte hat bei freiheitsentziehenden Maßnahmen und ärztlichen Zwangsmaßnahmen nach §§ 1831, 1832 BGB, ebenso wie bei schweren medizinischen Eingriffen nach § 1829 BGB die Genehmigung des Betreuungsgerichts einzuholen. Wie bei den medizinischen Maßnahmen nach § 1829 BGB ist bei Dringlichkeit die Genehmigung entbehrlich, sie muss aber unverzüglich nachgeholt werden. Anders als bei den medizinischen Eingriffen ist die gerichtliche Genehmigung aber auch dann nicht entbehrlich, wenn der Bevollmächtigte und die für die freiheitsentziehende Maßnahme zuständige Person einer Meinung sind.

Wie sollte die Vollmacht aufbewahrt werden?

Wichtig ist, die Vorsorgevollmacht so aufzubewahren, dass diese im Bedarfsfall auch zur Verwendung kommen kann. Sinnvoll ist daher die Aufbewahrung mit den sonstigen wichtigen persönlichen Dokumenten.

Möglich ist es auch, die Vorsorgevollmacht einem Dritten zur Verwahrung zu geben, beispielsweise einem Notar, Rechtsanwalt oder auch dem Hausarzt.

Eine gerichtliche Hinterlegung ist nur eingeschränkt möglich (vgl. Kapitel 9).

Wie wird einem Missbrauch der Vollmacht vorgebeugt?

Vorbeugend kommt es zum Schutz vor Missbrauch insbesondere darauf an, eine besonders vertrauenswürdige Person zum Bevollmächtigten zu ernennen.

Bei der Gestaltung der Vollmacht sollte darauf geachtet werden, dass die Befugnisse des Bevollmächtigten genau geregelt werden.

Um einen zukünftigen Streit zu vermeiden, gilt es auch zu regeln, ob der Bevollmächtigte beispielsweise eine Vergütung erhalten soll oder Vermögen des Vollmachtgebers für sich selbst verwenden darf.

Solange der Vollmachtgeber geschäftsfähig ist, kann er die Vollmacht jederzeit widerrufen, sofern er einen Verdacht gegenüber dem Bevollmächtigten hegt.

Kann der Vollmachtgeber den Bevollmächtigten selbst nicht mehr überwachen, kann seitens des Betreuungsgerichts ein Kontroll- oder Vollmachtsbetreuer bestellt werden. Das ist jedoch nur dann möglich, wenn konkrete Umstände vorliegen, die darauf hindeuten, dass der Bevollmächtigte bewusst zum Nachteil des Vollmachtgebers handelt.

Da ein Kontrollbetreuer nur bei einem konkreten Anlass zu bestellen ist, kann es sinnvoll sein, schon bei der Gestaltung der Vollmacht Klauseln in die Vollmacht aufzunehmen, die einen Missbrauch verhindern können:

- Soll der Bevollmächtigte beispielsweise gewisse Aufgaben selbst nicht erledigen dürfen, kann dies ausdrücklich in der Vollmacht vermerkt werden.
- Möglich ist es auch, zwei Personen gleichzeitig zu bevollmächtigen (sog. Doppelvollmacht), die nur einstimmig und in Absprache miteinander handeln dürfen, bzw. einer der beiden Bevollmächtigten wird zum Überwacher des anderen bestimmt.

Wer die Bestellung eines Kontrollbetreuers insgesamt vermeiden will, kann auch schon in seiner Vorsorgevollmacht einen sogenannten Kontrollbevollmächtigten benennen. Dieser übernimmt dann die Aufgaben eines vom Betreuungsgericht zu bestellenden Kontrollbetreuers; ein gerichtliches Verfahren wird so überflüssig.

Um zu vermeiden, dass der Bevollmächtigte die Vollmacht schon benutzt, obwohl der Vollmachtgeber alle seine Angelegenheiten noch selbst regeln kann, kann die Wirksamkeit der Vollmacht von der Vorlage eines ärztlichen Attests über die Hilfsbedürftigkeit oder Geschäftsunfähigkeit des Vollmachtgebers abhängig gemacht werden. Problematisch ist dabei jedoch, dass bis zu der Erstellung dieses Attests wertvolle Zeit vergehen kann oder der Gegenüber ein entsprechendes Attest nicht ausreichen lässt und beispielsweise einen amtsärztlichen Nachweis fordert.

Wird die Wirksamkeit der Vollmacht von einem ärztlichen Attest über die Geschäftsunfähigkeit abhängig gemacht, kann dies zwar einen Schutz vor Missbrauch bieten, andererseits wird die Vollmacht unflexibel und verliert ihre schnelle Einsetzbarkeit in Notsituationen.

> ***Praxis-Tipp:***
>
> *Im Hinblick auf eine juristisch einwandfreie Vollmachtsregelung ist zu empfehlen, sich durch einen Rechtsanwalt oder Notar beraten zu lassen. Insbesondere Rechtsanwälte sind geeignet, Tätigkeiten im Rahmen der Bevollmächtigung zu übernehmen, zum Beispiel als Kontroll- oder Mitbevollmächtigter.*

Welche Pflichten hat der Bevollmächtigte?

Ein Bevollmächtigter erhält im Rahmen seiner Tätigkeit umfangreiche Rechte eingeräumt, damit er für seinen Auftraggeber handeln kann. Allerdings hat er auch Pflichten: Alles, was er als Bevollmächtigter erhält, muss er an den Vollmachtgeber herausgeben. Damit der Vollmachtgeber nicht die Kontrolle verliert, hat er gegenüber dem Bevollmächtigten ein umfassendes Auskunftsrecht, welche Geschäfte dieser mit der Vollmacht vornimmt.

Im Zweifel muss der Bevollmächtigte, der vom Vollmachtgeber eine umfassende Vollmacht erhalten hat, über alle seine getätigten Geschäfte Rechnung legen! Verstirbt der Vollmachtgeber, können auch dessen Erben diese Rechnungslegung noch im Nachhinein verlangen.

Praxis-Tipp:

Soll der Bevollmächtigte von einer Rechnungslegung befreit werden, muss dies am besten ausdrücklich in der Vollmacht geregelt werden. Ohne eine solche Befreiung ist dem Bevollmächtigten dringend geraten, ein Kassenbuch zu führen, in dem insbesondere bei Barabhebungen der Vollmachtgeber den Erhalt des Bargelds quittiert. Sonstige Ausgaben sind mit Belegen, Rechnungen oder Quittungen festzuhalten.

5.

Formulierungshilfen für Vorsorgevollmachten

Bankübliche Kontovollmacht

Im Bereich der Kontovollmachten akzeptieren viele Banken nur Vollmachten, die unter Verwendung der bankeigenen Vollmachtsformulare erstellt werden, bzw. Generalvollmachten, die seitens der Bank beglaubigt sind.

Mittlerweile liegen gerichtliche Entscheidungen mit dem Inhalt vor, dass eine Generalvollmacht für die Verfügung über ein Bankkonto des Vollmachtgebers ausreicht. Hierauf sollte man sich jedoch nicht verlassen und daher dennoch bereits im Vorfeld zu den Banken, zu denen
 der Vollmachtgeber Geschäftsbeziehungen hat, Kontakt aufnehmen und sich abstimmen.

Im Folgenden werden zwei Musterbeispiele für Kontovollmachten und anschließend für Generalvollmachten dargestellt.

Vollmacht

Interne Angaben der Bank/Ablagehinweise:

Konto-/Depotvollmacht für ein einzelnes Konto/Depot

Kontoinhaber: ______________________________

Name, Anschrift: ______________________________

Ich/Wir bevollmächtige(n) hiermit
den nachstehend genannten Bevollmächtigten:

Name, Vorname: ______________________________

Geburtsname: ______________________________

Geburtsdatum: ______________________________

Anschrift: ______________________________

Telefon: ______________________________

mich/uns im Geschäftsverkehr mit der Bank zu vertreten. Die Vollmacht gilt für mein/unser nachstehend aufgeführtes Konto/Depot

Konto/
Depotnummer: ______________________________

Im Einzelnen gelten folgende Regelungen:

1. Umfang der Vollmacht

Die Vollmacht berechtigt gegenüber der Bank zur Vornahme aller Geschäfte, die mit der Konto- und Depotführung in unmittelbarem Zusammenhang stehen.

Der Bevollmächtigte kann insbesondere:

- über jeweilige Guthaben (z. B. durch Überweisungsaufträge, Barabhebungen, Schecks) verfügen und in diesem Zusammenhang auch Festgeldkonten und Sparkonten einrichten
- eingeräumte Kredite in Anspruch nehmen
- von der Möglichkeit vorübergehender Kontoüberziehungen im banküblichen Rahmen Gebrauch machen
- Wertpapiere und Devisen an- und verkaufen sowie die Auslieferung an sich verlangen
- Abrechnungen, Kontoauszüge, Wertpapier-, Depot- und Erträgnisaufstellungen sowie sonstige Abrechnungen und Mitteilungen entgegennehmen und anerkennen.

Diese Vollmacht berechtigt nicht:

- zur Eröffnung weiterer Konten/Depots (mit Ausnahme der oben erwähnten Spar-/Festgeldkonten)
- zum Abschluss und zur Änderung von Kreditverträgen
- zum Abschluss von Börsentermin- und Devisentermingeschäften
- zum Abschluss von Schrankfach- und Verwahrverträgen
- zur Beantragung von Kunden-, ec- und Kreditkarten
- zur Bestellung und Rücknahme von Sicherheiten
- zur Entgegennahme von Konto- und Kreditkündigungen.

2. Auflösung von Konten/Depots

Zur Auflösung der Konten/Depots ist der Bevollmächtigte erst nach dem Tod des Kontoinhabers berechtigt. Bei mehreren Kontoinhabern besteht diese Berechtigung erst nach dem Tod aller Kontoinhaber.

3. Untervollmachten

Zur Erteilung von Untervollmachten ist der Bevollmächtigte nicht berechtigt.

4. Geltungsdauer der Vollmacht

Die Vollmacht kann vom Kontoinhaber jederzeit widerrufen werden. Widerruft der Kontoinhaber die Vollmacht, hat er die Bank hierüber unverzüglich und aus Beweisgründen möglichst schriftlich zu unterrichten. Bei mehreren Kontoinhabern führt der Widerruf der Vollmacht durch einen Kontoinhaber zum Erlöschen der Vollmacht.

Die Vollmacht erlischt nicht mit dem Tod des/der Kontoinhaber(s); sie bleibt für die Erben des jeweils verstorbenen Kontoinhabers in Kraft.

Der Widerruf eines von mehreren Erben bringt die Vollmacht nur für den Widerrufenden zum Erlöschen. Der Bevollmächtigte kann dann von der Vollmacht nur noch gemeinsam mit dem Widerrufenden Gebrauch machen. Die Bank kann verlangen, dass sich der Widerrufende als Erbe ausweist.

________________ ________________________________

Ort, Datum Unterschrift des/der Kontoinhaber

Hinweis für den Bevollmächtigten:

Die Bank ist gesetzlich verpflichtet, Name und Anschrift des Bevollmächtigten festzuhalten; sie wird deshalb diese Daten speichern.

Der Bevollmächtigte zeichnet:

________________ ________________________________

Ort, Datum Unterschrift des Bevollmächtigten (Unterschriftsprobe)

Kontovollmacht mit Schenkungsvertrag

Da diese Vollmacht mit einer Schenkung bzw. einem Schenkungsversprechen verbunden ist, ist eine notarielle Beurkundung dringend zu empfehlen.

5

Vollmacht

Ohne Zwang und aus freiem Willen bevollmächtige ich

Name: ____________________

Vorname: ____________________

Geburtsdatum: ____________________

Straße: ____________________

PLZ/Wohnort: ____________________

Telefon: ____________________

die nachfolgend genannte Person

Frau/Herrn ____________________

Name: ____________________

Vorname: ____________________

Geburtsdatum: ____________________

Straße: ____________________

PLZ/Wohnort: ____________________

Telefon: ____________________

über mein Bankguthaben bei der ... Bank, insbesondere auch zu eigenen Gunsten, zu verfügen. Diese Vollmacht ist nicht auf Dritte übertragbar und soll auch nach meinem Tod fortbestehen.

Grundverhältnis:

Meiner Vollmachtserteilung liegt zu meinen Lebzeiten eine Leibrente mit dem Bevollmächtigten als Begünstigtem zugrunde. Der Bevollmächtigte wird insoweit beauftragt, diese Leibrente zu erfüllen.

Der Bevollmächtigte ist zu Verfügungen über das Bankguthaben zu meinen Lebzeiten wie folgt berechtigt:

Nach meinem Versterben ist der Bevollmächtigte in seiner Verfügungsbefugnis unbeschränkt. Bei dem dann noch auf dem Konto befindlichen Betrag handelt es sich um eine lebzeitige Schenkung, die mit meinem Versterben durch den Bevollmächtigten selbst zu erfüllen ist.

____________________ ____________________

Ort/Datum Unterschrift

Generalvollmacht für vermögensrechtliche und persönliche Angelegenheiten

Ehegattenvollmacht

Die in dieser Vollmacht genannten Paragrafen können Sie im Originalwortlaut auf den nachfolgenden Seiten nachlesen.

5

Generalvollmacht

der Eheleute ______________________

geborene ______________ geb. am ______________

derzeit wohnhaft ______________________

und

geborener ______________ geb. am ______________

derzeit wohnhaft ______________________

Wir, die Eheleute ______________ und ______________

erteilen uns hiermit wechselseitig

General- und Vorsorgevollmacht

in dem wie folgt näher bezeichneten Umfang:

Soweit gesetzlich möglich, soll diese Vollmacht zur Vertretung in allen persönlichen Angelegenheiten, auch soweit sie die Gesundheit betreffen, sowie in allen Vermögens-, Steuer- und sonstigen Rechtsangelegenheiten in jeder denkbaren Richtung ermächtigen.

Diese Vollmacht wird durch nachfolgende Beispiele nicht in ihrem Umfang eingeschränkt, die Vollmacht beinhaltet insbesondere und ausdrücklich auch:

- Vermögenserwerb und -veräußerungen sowie Belastungen jeder Art für den Vollmachtgeber vorzunehmen und Verbindlichkeiten beliebiger Art und Höhe für uns – auch in vollstreckbarer Form – einzugehen
- Vermögenswerte beliebiger Art, namentlich Geld, Sachen, Wertpapiere und Schriftstücke in Empfang zu nehmen
- über vorhandene Konten bei Banken beliebig zu verfügen
- Verträge sonstiger Art unter beliebigen Bestimmungen abzuschließen, Vergleiche einzugehen, Verzichte zu erklären und Nachlässe zu bewilligen den anderen als Erben, Pflichtteilsberechtigten, Vermächtnisnehmer, Schenker oder Beschenkten in jeder Weise, namentlich auch bei Vermögens- und Gemeinschaftsauseinandersetzungen jeder Art, zu vertreten und auch Ausschlagungserklärungen abzugeben
- Versorgungsangelegenheiten (Pension, Rente usw.) zu regeln
- Prozesse als Kläger oder Beklagter zu führen und hierbei die Rechte eines Prozessbevollmächtigten in vollem Umfang des § 79 ZPO auszuüben, uns in allen gerichtlichen und außergerichtlichen Verfahren als Gläubiger oder

Schuldner, Kläger oder Beklagte oder in jeder sonst wie infrage kommenden Eigenschaft ohne jede Einschränkung zu vertreten

- zu allen Verfahrenshandlungen, auch im Sinne von § 13 SGB X
- den Haushalt aufzulösen und über das Inventar zu verfügen
- Vereinbarungen mit Kliniken, Alters- und Pflegeheimen abzuschließen und zum Zwecke hierfür Sicherungshypotheken auch für den Sozialhilfeträger zu bestellen
- über Art und Umfang der Beerdigung zu entscheiden und Sterbegelder in Empfang zu nehmen und darüber zu quittieren
- den Nachlass bis zur amtlichen Feststellung der Erben in Besitz zu nehmen und zu verwalten

Digitaler Lebensbereich

Diese Vollmacht ermächtigt auch zur Regelung, Abwicklung und Nutzung des gesamten digitalen Vermögens und Lebensbereichs – gleich, ob die Inhalte geschäftlicher, vermögensrechtlicher, privater oder höchstpersönlicher Natur sind.

Zu diesem Zweck werden sämtliche Anbieter und sonstige Personen weitestmöglich vom Telekommunikationsgeheimnis (insbesondere auch nach dem TKG) und von sonstigen Geheimhaltungsverpflichtungen befreit.

Im Bereich der gesundheitlichen Fürsorge und des Selbstbestimmungsrechts umfasst diese Vollmacht insbesondere auch folgende Maßnahmen:

- Die Aufenthaltsbestimmung, vor allem die Entscheidung über die Unterbringung in einem Pflegeheim oder Hospiz, in einer geschlossenen Anstalt, Aufnahme in ein Krankenhaus oder eine ähnliche Einrichtung.
- Die Entscheidung über
  - Maßnahmen nach § 1829 Abs. 1 BGB, also die Einwilligung in eine Untersuchung des Gesundheitszustandes, eine Heilbehandlung oder einen ärztlichen Eingriff, wenn die begründete Gefahr besteht, dass wir aufgrund der Maßnahme sterben oder einen schweren und länger dauernden gesundheitlichen Schaden erleiden.
  - Maßnahmen nach § 1829 Abs. 2 BGB, das heißt die Nichteinwilligung oder der Widerruf der Einwilligung in eine Untersuchung des Gesundheitszustands, eine Heilbehandlung oder einen ärztlichen Eingriff, wenn die Maßnahme medizinisch angezeigt ist und die begründete Gefahr besteht, dass wir aufgrund des Unterbleibens oder des Abbruchs der Maßnahme sterben oder einen schwerer und länger dauernden gesundheitlichen Schaden erleiden.

Die Vollmacht umfasst auch Fälle, in denen risikoreiche oder neue, noch nicht zugelassene Medikamente und/oder Behandlungsmethoden indiziert sind, auch wenn diese erhebliche unerwünschte Nebenwirkungen haben oder haben können.

Entscheidungen und Maßnahmen nach § 1829 BGB bedürfen grundsätzlich der Genehmigung durch das Betreuungsgericht. Ohne Genehmigung darf die bevollmächtigte Person nur einwilligen, wenn mit dem Aufschub Gefahr verbunden ist oder zwischen Betreuer/Bevollmächtigtem und behandelndem Arzt Einvernehmen darüber besteht, dass die Erteilung, die Nichterteilung oder der Widerruf der Einwilligung unserem nach § 1827 BGB festgestellten Willen entspricht.

- Die Entscheidung über
  - freiheitsentziehende Unterbringung und freiheitsentziehende Maßnahmen nach § 1831 BGB.

    Eine veranlasste Unterbringung, die mit Freiheitsentziehung verbunden ist, oder die über einen längeren Zeitraum dauernde oder regelmäßige Freiheitsentziehung durch mechanische Vorrichtungen, Medikamente oder in anderer Weise ist nur zulässig, solange sie erforderlich ist, weil

    aufgrund einer psychischen Krankheit oder geistigen oder seelischen Behinderung die Gefahr einer Selbsttötung oder einer erheblichen gesundheitlichen Schädigung besteht

    oder

    zur Abwendung eines drohenden erheblichen gesundheitlichen Schadens eine Untersuchung des Gesundheitszustands, eine Heilbehandlung oder ein ärztlicher Eingriff notwendig ist, die Maßnahme ohne eine Unterbringung nicht durchgeführt werden kann und aufgrund einer psychischen Krankheit oder geistigen oder seelischen Behinderung die Notwendigkeit der Unterbringung durch den Vollmachtgeber nicht erkannt wird oder dieser nicht nach dieser Einsicht handeln kann.
  - freiheitsentziehende Maßnahmen, wenn sich der Vollmachtgeber in einem Krankenhaus oder Heim oder einer sonstigen Einrichtung aufhält und durch z. B. mechanische Vorrichtungen, Medikamente oder auf andere Weise dessen Freiheit über einen längeren Zeitraum oder regelmäßig entzogen werden soll.

Entscheidungen und Maßnahmen im persönlichen Bereich, die mit Freiheitsbeschränkung und Gefahr für Leib und Leben oder Gesundheit verbunden sind, bedürfen grundsätzlich der Genehmigung durch das Betreuungsgericht. Ohne Genehmigung darf die Vollmachtsperson nur einwilligen, wenn mit dem Aufschub Gefahr verbunden ist. Die Genehmigung ist unverzüglich nachzuholen.

Bei Wegfall der Voraussetzungen sind die Maßnahmen zu beenden, die Beendigung ist dem Betreuungsgericht anzuzeigen.

- Die Entscheidung über
  - ärztliche Zwangsmaßnahmen nach § 1832 BGB.

    In eine Untersuchung des Gesundheitszustands, eine Heilbehandlung oder einen ärztlichen Eingriff gegen meinen natürlichen Willen darf nur eingewilligt werden, wenn:

    - die ärztliche Zwangsmaßnahme notwendig ist, um einen drohenden erheblichen gesundheitlichen Schaden vom Vollmachtgeber abzuwenden,
    - der Vollmachtgeber aufgrund einer psychischen Krankheit oder einer geistigen oder seelischen Behinderung die Notwendigkeit der ärztlichen Maßnahme nicht erkennen oder nicht nach dieser Einsicht handeln kann,
    - die ärztliche Zwangsmaßnahme dem nach § 1827 zu beachtenden Willen des Betreuten entspricht,
    - zuvor ernsthaft, mit dem nötigen Zeitaufwand und ohne Ausübung unzulässigen Drucks versucht wurde, den Vollmachtgeber von der Notwendigkeit der ärztlichen Maßnahme zu überzeugen,
    - der drohende erhebliche gesundheitliche Schaden durch keine andere, den Vollmachtgeber weniger belastende Maßnahme abgewendet werden kann,
    - der zu erwartende Nutzen der ärztlichen Zwangsmaßnahme die zu erwartenden Beeinträchtigungen deutlich überwiegt

      und

    - die ärztliche Zwangsmaßnahme im Rahmen eines stationären Aufenthalts in einem Krankenhaus, in dem die gebotene medizinische Versorgung des Betreuten einschließlich einer erforderlichen Nachbehandlung sichergestellt ist, durchgeführt wird.

    Die Vollmacht umfasst auch die Verbringung gegen den natürlichen Willen zu einem stationären Aufenthalt in ein Krankenhaus.

    Bei Wegfall der Voraussetzungen sind die Maßnahmen zu beenden, die Beendigung ist dem Betreuungsgericht anzuzeigen.

    Entscheidungen und Maßnahmen im persönlichen Bereich, die mit Freiheitsbeschränkung und Gefahr für Leib und Leben oder Gesundheit verbunden sind, bedürfen grundsätzlich der Genehmigung durch das Betreuungsgericht. Ohne Genehmigung darf die Vollmachtsperson

5

nur einwilligen, wenn mit dem Aufschub Gefahr verbunden ist. Die Genehmigung ist unverzüglich nachzuholen.

- Die Entscheidung über die Verabreichung von Medikamenten, die erhebliche unerwünschte Nebenwirkungen haben oder haben können.
- Die Entscheidung darüber, ob bei einem voraussichtlich länger andauernden Zustand der Bewusstlosigkeit (Wachkoma) eine künstliche Ernährung oder Flüssigkeitszufuhr eingeleitet oder abgebrochen wird.
- Die Entscheidung darüber, ob nach unserem Tod zu Transplantationszwecken Organe entnommen werden dürfen.
- Die Kontrolle darüber, ob die Klinik, die Ärzte und das Pflegepersonal uns trotz Bewusstlosigkeit oder Entscheidungsunfähigkeit eine angemessene ärztliche und pflegerische Betreuung zukommen lassen, die zugleich auch eine menschenwürdige Unterbringung umfasst. Die Kontrolle bezieht sich auch auf eine Sterbebegleitung und die Leithilfe, die Ärzte und Pflegepersonal verpflichten, Schmerz, Atemnot, unstillbaren Brechreiz, Erstickungsangst oder vergleichbar schweren Angstzuständen entgegenzuwirken, selbst wenn mit diesen palliativen Maßnahmen das Risiko einer Lebensverkürzung nicht ausgeschlossen werden kann.

  Insbesondere sollen die von uns in unserer Patientenverfügung festgelegten Wünsche gelten und gegenüber Dritten befolgt und durchgesetzt werden. (Gilt nur, falls Sie auch eine Patientenverfügung verfassen möchten.)

Mein Bevollmächtigter kann bereits erteilte Einwilligungen zurücknehmen, Einwilligungen verweigern, die Krankenunterlagen einsehen, deren Herausgabe an Dritte bewilligen und alle Auskünfte und Informationen von den behandelnden Ärzten und dem Krankenhaus verlangen; diese werden von der Schweigepflicht entbunden.

Als Kontrollbevollmächtigten bestimmen wir Rechtsanwältin/Rechtsanwalt:

Name: ____________________________

Vorname: ____________________________

Geburtsdatum: ____________________________

Straße: ____________________________

PLZ/Wohnort: ____________________________

Telefon: ____________________________

Alle Anweisungen in dieser Vollmacht gelten auch für den Kontrollbevollmächtigten.

Die Vollmacht wird mit der Unterzeichnung durch uns wirksam und gilt nach außen uneingeschränkt. Im Innenverhältnis soll jeder von uns die Vollmacht nur nach vorheriger Weisung durch den anderen gebrauchen. Die Vollmacht ist nur wirksam, soweit und solange der Bevollmächtigte bei einer Vornahme einer jeden Vertreterhandlung im unmittelbaren Besitz der Vollmachtsurkunde ist.

Von den Beschränkungen des § 181 BGB ist jeder von uns Eheleuten befreit.

Wer von uns als Bevollmächtigter des anderen tätig wird, erhält neben seinem Auslagenersatz das folgende monatliche Entgelt in Höhe von ________ und Ersatz seiner Auslagen.

Der Kontrollbevollmächtigte erhält ein monatliches Entgelt in Höhe von ________ und Ersatz seiner Auslagen.

Die Vollmacht erlischt nicht, wenn einer von uns als Vollmachtgeber geschäftsunfähig werden oder versterben sollte; die Vollmacht soll über den Tod des Letztversterbenden wirksam bleiben.

Die Vollmacht ist für jeden von uns frei widerruflich.

Für den Fall der Bestellung eines Betreuers oder Kontrollbetreuers trotz dieser Vollmacht gelten alle hier getroffenen Anweisungen auch für diese.

Über den weitreichenden Umfang dieser Vollmacht sind wir uns bewusst. Wir wurden in juristischer Hinsicht hierzu von Rechtsanwältin/Rechtsanwalt

Name: ________________________________

Adresse: ________________________________

Telefon: ________________________________

ausführlich beraten.

In medizinischer Hinsicht wurden wir umfassend aufgeklärt durch:

Name: ________________________________

Adresse: ________________________________

Telefon: ________________________________

Ort/Datum ________________________________

Unterschrift Ehefrau ________________________________

Ort/Datum ________________________________

Unterschrift Ehemann ________________________________

Einzelvollmacht

Die in dieser Vollmacht genannten Paragrafen sind auf den nachfolgenden Seiten im Originalwortlaut abgedruckt.

General- und Vorsorgevollmacht

Von: ______________________________

Name: ______________________________

Vorname: ______________________________

Geburtsdatum: ______________________________

Straße: ______________________________

PLZ/Wohnort: ______________________________

Telefon: ______________________________

Ohne Zwang und aus freiem Willen bevollmächtige ich

Name: ______________________________

Vorname: ______________________________

Geburtsdatum: ______________________________

Straße: ______________________________

PLZ/Wohnort: ______________________________

Telefon: ______________________________

soweit gesetzlich möglich, mich in allen persönlichen Angelegenheiten, auch soweit sie meine Gesundheit betreffen, sowie in allen Vermögens-, Steuer- und sonstigen Rechtsangelegenheiten in jeder denkbaren Richtung zu vertreten.

Diese Vollmacht wird durch nachfolgende Beispiele nicht in Ihrem Umfang eingeschränkt, die Vollmacht beinhaltet insbesondere und ausdrücklich auch:

- Vermögenserwerb und -veräußerungen sowie Belastungen jeder Art für mich vorzunehmen und Verbindlichkeiten beliebiger Art und Höhe für mich – auch in vollstreckbarer Form – einzugehen
- Vermögenswerte beliebiger Art, namentlich Geld, Sachen, Wertpapiere und Schriftstücke für mich in Empfang zu nehmen
- über meine vorhandenen Konten bei Banken beliebig zu verfügen
- Verträge sonstiger Art unter beliebigen Bestimmungen abzuschließen, Vergleiche einzugehen, Verzichte zu erklären und Nachlässe zu bewilligen
- mich als Erben, Pflichtteilsberechtigten, Vermächtnisnehmer, Schenker oder Beschenkten in jeder Weise, namentlich auch bei Vermögens- und Gemeinschaftsauseinandersetzungen jeder Art, zu vertreten und auch Ausschlagungserklärungen für mich abzugeben

- meine Versorgungsangelegenheiten (Pension, Rente usw.) zu regeln
- Prozesse für mich als Kläger oder Beklagter zu führen und hierbei die Rechte eines Prozessbevollmächtigten in vollem Umfang des § 79 ZPO auszuüben, mich in allen gerichtlichen und außergerichtlichen Verfahren als Gläubiger oder Schuldner, Kläger oder Beklagten oder in jeder sonst wie infrage kommenden Eigenschaft ohne jede Einschränkung zu vertreten
- die Vertretung zu allen Verfahrenshandlungen, auch im Sinne von § 13 SGB X
- meinen Haushalt aufzulösen und über das Inventar zu verfügen
- Vereinbarungen mit Kliniken, Alters- und Pflegeheimen abzuschließen und zum Zwecke hierfür Sicherungshypotheken auch für den Sozialhilfeträger zu bestellen
- über Art und Umfang der Beerdigung zu entscheiden und Sterbegelder in Empfang zu nehmen und darüber zu quittieren
- den Nachlass bis zur amtlichen Feststellung der Erben in Besitz zu nehmen und zu verwalten

Digitaler Lebensbereich

Diese Vollmacht ermächtigt auch zur Regelung, Abwicklung und Nutzung des gesamten digitalen Vermögens und Lebensbereichs – gleich, ob die Inhalte geschäftlicher, vermögensrechtlicher, privater oder höchstpersönlicher Natur sind.

Zu diesem Zweck werden sämtliche Anbieter und sonstige Personen weitestmöglich vom Telekommunikationsgeheimnis (insbesondere auch nach dem TKG) und von sonstigen Geheimhaltungsverpflichtungen befreit.

Im Bereich der gesundheitlichen Fürsorge und des Selbstbestimmungsrechts umfasst diese Vollmacht insbesondere auch folgende Maßnahmen:

- Die Aufenthaltsbestimmung, vor allem die Entscheidung über die Unterbringung in einem Pflegeheim oder Hospiz, in einer geschlossenen Anstalt, Aufnahme in ein Krankenhaus oder eine ähnliche Einrichtung.
- Die Entscheidung über
  - Maßnahmen nach § 1829 Abs. 1 BGB, also die Einwilligung in eine Untersuchung des Gesundheitszustandes, eine Heilbehandlung oder einen ärztlichen Eingriff, wenn die begründete Gefahr besteht, dass ich aufgrund der Maßnahme sterbe oder einen schweren und länger dauernden gesundheitlichen Schaden erleide,
  - Maßnahmen nach § 1829 Abs. 2 BGB, das heißt die Nichteinwilligung oder der Widerruf der Einwilligung in eine Untersuchung des Gesundheitszustands, eine Heilbehandlung oder einen ärztlichen Eingriff, wenn die Maßnahme medizinisch angezeigt ist und die begründete

Gefahr besteht, dass ich aufgrund des Unterbleibens oder des Abbruchs der Maßnahme sterbe oder einen schwerer und länger dauernden gesundheitlichen Schaden erleide.

Die Vollmacht umfasst auch Fälle, in denen risikoreiche oder neue, noch nicht zugelassene Medikamente und/oder Behandlungsmethoden indiziert sind, auch wenn diese erhebliche unerwünschte Nebenwirkungen haben oder haben können.

Entscheidungen und Maßnahmen nach § 1829 BGB bedürfen grundsätzlich der Genehmigung durch das Betreuungsgericht. Ohne Genehmigung darf die Vollmachtsperson nur einwilligen, wenn mit dem Aufschub Gefahr verbunden ist oder zwischen Betreuer/Bevollmächtigtem und behandelndem Arzt Einvernehmen darüber besteht, dass die Erteilung, die Nichterteilung oder der Widerruf der Einwilligung meinem nach § 1827 BGB festgestellten Willen entspricht. 5

- Die Entscheidung über
  - freiheitsentziehende Unterbringung und freiheitsentziehende Maßnahmen nach § 1831 BGB.

    Eine veranlasste Unterbringung, die mit Freiheitsentziehung verbunden ist, oder die über einen längeren Zeitraum dauernde oder regelmäßige Freiheitsentziehung durch mechanische Vorrichtungen, Medikamente oder in anderer Weise ist nur zulässig, solange sie erforderlich ist, weil

    aufgrund einer psychischen Krankheit oder geistigen oder seelischen Behinderung die Gefahr einer Selbsttötung oder einer erheblichen gesundheitlichen Schädigung besteht

    oder

    zur Abwendung eines drohenden erheblichen gesundheitlichen Schadens eine Untersuchung des Gesundheitszustands, eine Heilbehandlung oder ein ärztlicher Eingriff notwendig ist, die Maßnahme ohne eine Unterbringung nicht durchgeführt werden kann und aufgrund einer psychischen Krankheit oder geistigen oder seelischen Behinderung die Notwendigkeit der Unterbringung durch den Vollmachtgeber nicht erkannt wird oder dieser nicht nach dieser Einsicht handeln kann.
  - freiheitsentziehende Maßnahmen, wenn sich der Vollmachtgeber in einem Krankenhaus oder Heim oder einer sonstigen Einrichtung aufhält und durch z. B. mechanische Vorrichtungen, Medikamente oder auf andere Weise dessen Freiheit über einen längeren Zeitraum oder regelmäßig entzogen werden soll.

Entscheidungen und Maßnahmen im persönlichen Bereich, die mit Freiheitsbeschränkung und Gefahr für Leib und Leben oder Gesundheit verbunden sind, bedürfen grundsätzlich der Genehmigung durch das Betreuungsgericht. Ohne Genehmigung darf die Vollmachtsperson nur einwilligen, wenn mit dem Aufschub Gefahr verbunden ist. Die Genehmigung ist unverzüglich nachzuholen.

Bei Wegfall der Voraussetzungen sind die Maßnahmen zu beenden, die Beendigung ist dem Betreuungsgericht anzuzeigen.

- Die Entscheidung über
  - ärztliche Zwangsmaßnahmen nach § 1832 BGB.

In eine Untersuchung des Gesundheitszustands, eine Heilbehandlung oder einen ärztlichen Eingriff gegen meinen natürlichen Willen darf nur eingewilligt werden, wenn

- die ärztliche Zwangsmaßnahme notwendig ist, um einen drohenden erheblichen gesundheitlichen Schaden vom Vollmachtgeber abzuwenden,
- der Vollmachtgeber aufgrund einer psychischen Krankheit oder einer geistigen oder seelischen Behinderung die Notwendigkeit der ärztlichen Maßnahme nicht erkennen oder nicht nach dieser Einsicht handeln kann,
- die ärztliche Zwangsmaßnahme dem nach § 1827 BGB zu beachtenden Willen des Betreuten entspricht,
- zuvor ernsthaft, mit dem nötigen Zeitaufwand und ohne Ausübung unzulässigen Drucks versucht wurde, den Vollmachtgeber von der Notwendigkeit der ärztlichen Maßnahme zu überzeugen,
- der drohende erhebliche gesundheitliche Schaden durch keine andere den Vollmachtgeber weniger belastende Maßnahme abgewendet werden kann,
- der zu erwartende Nutzen der ärztlichen Zwangsmaßnahme die zu erwartenden Beeinträchtigungen deutlich überwiegt

  und

- die ärztliche Zwangsmaßnahme im Rahmen eines stationären Aufenthalts in einem Krankenhaus, in dem die gebotene medizinische Versorgung des Betreuten einschließlich einer erforderlichen Nachbehandlung sichergestellt ist, durchgeführt wird.

Die Vollmacht umfasst auch die Verbringung gegen meinen natürlichen Willen zu einem stationären Aufenthalt in ein Krankenhaus.

Bei Wegfall der Voraussetzungen sind die Maßnahmen zu beenden, die Beendigung ist dem Betreuungsgericht anzuzeigen.

Entscheidungen und Maßnahmen im persönlichen Bereich, die mit Freiheitsbeschränkung und Gefahr für Leib und Leben oder Gesundheit verbunden sind, bedürfen grundsätzlich der Genehmigung durch das Betreuungsgericht. Ohne Genehmigung darf die Vollmachtsperson nur einwilligen, wenn mit dem Aufschub Gefahr verbunden ist. Die Genehmigung ist unverzüglich nachzuholen.

- Die Entscheidung über die Verabreichung von Medikamenten, die erhebliche unerwünschte Nebenwirkungen haben oder haben können.
- Die Entscheidung darüber, ob bei einem voraussichtlich länger andauernden Zustand der Bewusstlosigkeit (Wachkoma) eine künstliche Ernährung oder Flüssigkeitszufuhr eingeleitet oder abgebrochen wird.
- Die Entscheidung darüber, ob nach meinem Tod zu Transplantationszwecken Organe entnommen werden dürfen.
- Die Kontrolle darüber, ob die Klinik, die Ärzte und das Pflegepersonal mir trotz Bewusstlosigkeit oder Entscheidungsunfähigkeit eine angemessene ärztliche und pflegerische Betreuung zukommen lassen, die zugleich auch eine menschenwürdige Unterbringung umfasst. Die Kontrolle bezieht sich auch auf eine Sterbebegleitung und die Leithilfe, die Ärzte und Pflegepersonal verpflichten, Schmerz, Atemnot, unstillbaren Brechreiz, Erstickungsangst oder vergleichbar schweren Angstzuständen entgegenzuwirken, selbst wenn mit diesen palliativen Maßnahmen das Risiko einer Lebensverkürzung nicht ausgeschlossen werden kann.

  Insbesondere sollen die von mir in einer Patientenverfügung festgelegten Wünsche gelten und gegenüber Dritten befolgt und durchgesetzt werden. (Gilt nur, falls Sie auch eine Patientenverfügung verfassen möchten.)

Mein Bevollmächtigter kann bereits erteilte Einwilligungen zurücknehmen, Einwilligungen verweigern, die Krankenunterlagen einsehen, deren Herausgabe an Dritte bewilligen und alle Auskünfte und Informationen von den behandelnden Ärzten und dem Krankenhaus verlangen; diese werden von der Schweigepflicht entbunden.

Als Kontrollbevollmächtigten bestimme ich Rechtsanwältin/Rechtsanwalt:

Name: ______________________________

Vorname: ______________________________

Geburtsdatum: ______________________________

Straße: ______________________________

PLZ/Wohnort: ______________________________

Telefon: ______________________________

Alle Anweisungen in dieser Vollmacht gelten auch für den Kontrollbevollmächtigten.

Die Vollmacht wird mit der Unterzeichnung durch mich wirksam und gilt nach außen uneingeschränkt.

5

5

Im Innenverhältnis wird der Bevollmächtigte jedoch angewiesen, die Vollmacht nur nach meiner vorherigen Weisung zu gebrauchen.

Die Vollmacht ist nur wirksam, soweit und solange der Bevollmächtigte bei einer Vornahme einer jeden Vertreterhandlung im unmittelbaren Besitz der Vollmachtsurkunde ist.

Der Bevollmächtigte kann diese Vollmacht ganz oder teilweise auf andere übertragen und eine solche Übertragung widerrufen.

Von den Beschränkungen des § 181 BGB ist der Bevollmächtigte nicht befreit.

Der Bevollmächtigte erhält neben seinem Auslagenersatz das folgende monatliche Entgelt: __________

Der Kontrollbevollmächtigte erhält neben seinem Auslagenersatz das folgende monatliche Entgelt: __________

Die Vollmacht erlischt nicht, wenn ich geschäftsunfähig werden sollte; sie erlischt auch nicht durch meinen Tod.

Die Vollmacht ist frei widerruflich.

Über den weitreichenden Umfang dieser Vollmacht bin ich mir bewusst. Ich wurde in juristischer Hinsicht hierzu ausführlich beraten von Rechtsanwältin/Rechtsanwalt

Name: ______________________________

Adresse: ______________________________

Telefon: ______________________________

In medizinischer Hinsicht wurde ich umfassend aufgeklärt durch:

Name: ______________________________

Adresse: ______________________________

Telefon: ______________________________

Ort, Datum ______________________________

____

Unterschrift des Vollmachtgebers

____

Unterschrift des Bevollmächtigten

____

Zeuge (nicht zwingend notwendig)

Im Folgenden können Sie die in den Vollmachten genannten Paragrafen nachlesen; die §§ 1829, 1831 und 1832 BGB sind bereits im Originalwortlaut in Kapitel 4 abgedruckt.

§ 79 ZPO – Parteiprozess

(1) Soweit eine Vertretung durch Rechtsanwälte nicht geboten ist, können die Parteien den Rechtsstreit selbst führen. Parteien, die eine fremde oder ihnen zum Zweck der Einziehung auf fremde Rechnung abgetretene Geldforderung geltend machen, müssen sich durch einen Rechtsanwalt als Bevollmächtigten vertreten lassen, soweit sie nicht nach Maßgabe des Absatzes 2 zur Vertretung des Gläubigers befugt wären oder eine Forderung einziehen, deren ursprünglicher Gläubiger sie sind.

(2) Die Parteien können sich durch einen Rechtsanwalt als Bevollmächtigten vertreten lassen. Darüber hinaus sind als Bevollmächtigte vertretungsbefugt nur

1. Beschäftigte der Partei oder eines mit ihr verbundenen Unternehmens (§ 15 des Aktiengesetzes); Behörden und juristische Personen des öffentlichen Rechts einschließlich der von ihnen zur Erfüllung ihrer öffentlichen Aufgaben gebildeten Zusammenschlüsse können sich auch durch Beschäftigte anderer Behörden oder juristischer Personen des öffentlichen Rechts einschließlich der von ihnen zur Erfüllung ihrer öffentlichen Aufgaben gebildeten Zusammenschlüsse vertreten lassen,
2. volljährige Familienangehörige (§ 15 der Abgabenordnung, § 11 des Lebenspartnerschaftsgesetzes), Personen mit Befähigung zum Richteramt und Streitgenossen, wenn die Vertretung nicht im Zusammenhang mit einer entgeltlichen Tätigkeit steht,
3. Verbraucherzentralen und andere mit öffentlichen Mitteln geförderte Verbraucherverbände bei der Einziehung von Forderungen von Verbrauchern im Rahmen ihres Aufgabenbereichs,
4. Personen, die Inkassodienstleistungen erbringen (registrierte Personen nach § 10 Abs. 1 Satz 1 Nr. 1 des Rechtsdienstleistungsgesetzes) im Mahnverfahren bis zur Abgabe an das Streitgericht, bei Vollstreckungsanträgen im Verfahren der Zwangsvollstreckung in das bewegliche Vermögen wegen Geldforderungen einschließlich

des Verfahrens zur Abnahme der eidesstattlichen Versicherung und des Antrags auf Erlass eines Haftbefehls, jeweils mit Ausnahme von Verfahrenshandlungen, die ein streitiges Verfahren einleiten oder innerhalb eines streitigen Verfahrens vorzunehmen sind.

Bevollmächtigte, die keine natürlichen Personen sind, handeln durch ihre Organe und mit der Prozessvertretung beauftragten Vertreter.

(3) Das Gericht weist Bevollmächtigte, die nicht nach Maßgabe des Absatzes 2 vertretungsbefugt sind, durch unanfechtbaren Beschluss zurück. Prozesshandlungen eines nicht vertretungsbefugten Bevollmächtigten und Zustellungen oder Mitteilungen an diesen Bevollmächtigten sind bis zu seiner Zurückweisung wirksam. Das Gericht kann den in Absatz 2 Satz 2 Nr. 1 bis 3 bezeichneten Bevollmächtigten durch unanfechtbaren Beschluss die weitere Vertretung untersagen, wenn sie nicht in der Lage sind, das Sach- und Streitverhältnis sachgerecht darzustellen.

(4) Richter dürfen nicht als Bevollmächtigte vor einem Gericht auftreten, dem sie angehören. Ehrenamtliche Richter dürfen, außer in den Fällen des Absatzes 2 Satz 2 Nr. 1, nicht vor einem Spruchkörper auftreten, dem sie angehören. Absatz 3 Satz 1 und 2 gilt entsprechend.

§ 13 SGB X – Bevollmächtigte und Beistände

(1) Ein Beteiligter kann sich durch einen Bevollmächtigten vertreten lassen. Die Vollmacht ermächtigt zu allen das Verwaltungsverfahren betreffenden Verfahrenshandlungen, sofern sich aus ihrem Inhalt nicht etwas anderes ergibt. Der Bevollmächtigte hat auf Verlangen seine Vollmacht schriftlich nachzuweisen. Ein Widerruf der Vollmacht wird der Behörde gegenüber erst wirksam, wenn er ihr zugeht.

(2) Die Vollmacht wird weder durch den Tod des Vollmachtgebers noch durch eine Veränderung in seiner Handlungsfähigkeit oder seiner gesetzlichen Vertretung aufgehoben; der Bevollmächtigte hat jedoch, wenn er für den Rechtsnachfolger im Verwaltungsverfahren auftritt, dessen Vollmacht auf Verlangen schriftlich beizubringen.

(3) Ist für das Verfahren ein Bevollmächtigter bestellt, muss sich die Behörde an ihn wenden. Sie kann sich an den Beteiligten selbst wenden, soweit er zur Mitwirkung verpflichtet ist. Wendet sich die Behörde an den

Beteiligten, muss der Bevollmächtigte verständigt werden. Vorschriften über die Zustellung an Bevollmächtigte bleiben unberührt.
(4) Ein Beteiligter kann zu Verhandlungen und Besprechungen mit einem Beistand erscheinen. Das von dem Beistand Vorgetragene gilt als von dem Beteiligten vorgebracht, soweit dieser nicht unverzüglich widerspricht.
(5) Bevollmächtigte und Beistände sind zurückzuweisen, wenn sie entgegen § 3 des Rechtsdienstleistungsgesetzes Rechtsdienstleistungen erbringen.
(6) Bevollmächtigte und Beistände können vom Vortrag zurückgewiesen werden, wenn sie hierzu ungeeignet sind; vom mündlichen Vortrag können sie nur zurückgewiesen werden, wenn sie zum sachgemäßen Vortrag nicht fähig sind. Nicht zurückgewiesen werden können Personen, die nach § 73 Abs. 2 Satz 1 und 2 Nr. 3 bis 9 des Sozialgerichtsgesetzes zur Vertretung im sozialgerichtlichen Verfahren befugt sind. 5
(7) Die Zurückweisung nach den Absätzen 5 und 6 ist auch dem Beteiligten, dessen Bevollmächtigter oder Beistand zurückgewiesen wird, schriftlich mitzuteilen. Verfahrenshandlungen des zurückgewiesenen Bevollmächtigten oder Beistandes, die dieser nach der Zurückweisung vornimmt, sind unwirksam.

§ 181 BGB – Insichgeschäft

Ein Vertreter kann, soweit nicht ein anderes ihm gestattet ist, im Namen des Vertretenen mit sich im eigenen Namen oder als Vertreter eines Dritten ein Rechtsgeschäft nicht vornehmen, es sei denn, dass das Rechtsgeschäft ausschließlich in der Erfüllung einer Verbindlichkeit besteht.

6.

Die Betreuungsverfügung

Das sollten Sie wissen!

Wie zuvor geschildert, dient eine Vorsorgevollmacht in erster Linie der Vermeidung einer gerichtlich angeordneten Betreuung. Kommt für den Verfasser jedoch eine Vorsorgevollmacht nicht in Betracht, kann er noch mit dem Instrument der Betreuungsverfügung sein Selbstbestimmungsrecht wahren.

Mit einer Betreuungsverfügung kann sowohl der eigene Wunsch bei der Auswahl des vom Betreuungsgericht zu bestellenden Betreuers als auch hinsichtlich der Ausgestaltung und Durchführung der Betreuung selbst geregelt werden.

Wichtig wird die Betreuungsverfügung immer dann, wenn der Betreute bei Eintritt des Betreuungsbedarfs nicht mehr in der Lage ist, selbst seine Wünsche zu äußern, beispielsweise weil er geistig vollkommen verwirrt oder gar ein Komapatient ist.

Zu beachten ist jedoch, dass die Vorschläge des Betreuten nur dann verbindlich sind, wenn sie dem Wohl des Betreuten nicht zuwiderlaufen. Das hat zur Folge, dass das Betreuungsgericht und der Betreuer nicht für alle Fälle an die Betreuungsverfügung gebunden sind. Dazu Näheres im Folgenden.

Was ist sinnvoller: Betreuungsverfügung oder Vorsorgevollmacht?

Ein wesentlicher Unterschied zwischen Vorsorgevollmacht und Betreuungsverfügung ist, dass sowohl Betreuungsgericht als auch Betreuer durchaus eigene Kriterien zur Beurteilung des Wohls des Betreuten anlegen können.

Im Gegensatz zur Vorsorgevollmacht kann der Betreute aber trotz Verlust seiner Geschäftsfähigkeit in der Betreuungsverfügung geäußerte Wünsche jederzeit abändern. Ob das allerdings ein Vorteil ist, mag dahingestellt bleiben, da allemal die Gefahr besteht, dass auch sinnvoll getroffene Regelungen vom Betreuten widerrufen werden bzw. der Betreute lediglich dem Willen eines ihn beeinflussenden Dritten nachgibt.

Insbesondere wenn sich kein vertrauenswürdiger und befähigter Bevollmächtigter finden lässt, wird man aber auf eine Betreuungsverfügung zurückgreifen müssen, will man sein Selbstbestimmungsrecht nicht gänzlich aufgeben.

Es lassen sich jedoch keine festen Kriterien darlegen, die das eine oder andere Gestaltungsmittel als das absolut sinnvollere oder bessere Instrument zur Absicherung und Wahrung des Selbstbestimmungsrechts erscheinen lassen.

Wie ist die Betreuungsverfügung abzufassen?

Auch die Betreuungsverfügung ist an keine Formvorschrift gebunden, sie sollte jedoch aus Zweckmäßigkeitsgründen immer niedergeschrieben werden. Weder ist das Hinzuziehen von Zeugen, eine notarielle Unterschriftsbeglaubigung oder die notarielle Beurkundung erforderlich, wie auch die Geschäftsfähigkeit beim Abfassen der Betreuungsverfügung nicht zwingend erforderlich ist. 6

Dennoch ist es allemal empfehlenswert, eine Betreuungsverfügung bei voller Geschäftsfähigkeit durch einen Notar beurkunden zu lassen, um keinerlei Zweifel an der Wirksamkeit derselben aufkommen zu lassen.

Bei schriftlicher Abfassung ohne notarielle Beurkundung sollte in nicht allzu langen Zeitabständen die Unterschrift erneuert werden, um zu dokumentieren, dass der ursprünglich gefasste Wille nach wie vor aufrechterhalten wird. Auch kann so der Vermutung Dritter entgegengewirkt werden, es habe zwischenzeitlich einen Meinungsumschwung gegeben.

Beinhaltet die Betreuungsverfügung insbesondere auch vermögensrechtliche Wünsche, wie beispielsweise Hausverkauf durch den Betreuer oder Schenkungen an Familienangehörige, ist Voraussetzung für die Wirksamkeit der Betreuungsverfügung, dass Geschäftsfähigkeit im Zeitpunkt der Abfassung vorlag.

> ***Praxis-Tipp:***
>
> *Bei einer notariellen Beurkundung muss sich der Notar von der Geschäftsfähigkeit überzeugen.*

Hinsichtlich der Aufbewahrung gilt auch hier, dass eine Betreuungsverfügung so aufzubewahren ist, dass sie unverzüglich bei Eintritt des Betreuungsfalls dem Betreuungsgericht zugeleitet werden kann. Eine Hinterlegung der Betreuungsverfügung beim Betreuungsgericht ist teilweise möglich, wie im Anhang dargestellt.

Welche Inhalte können festgelegt werden?

Betreuerauswahl

Benannt werden kann sowohl ein Betreuer für alle infrage kommenden Aufgabenbereiche, wie auch jeweils ein unterschiedlicher Betreuer für verschiedene Aufgabenbereiche.

> ***Praxis-Tipp:***
>
> *Nicht vergessen werden sollte die Benennung eines Ersatzbetreuers für den Fall, dass der Wunschbetreuer die Betreuung nicht übernehmen will oder kann.*

Es können jedoch nicht nur Personen, sondern auch Betreuungsvereine benannt werden.

Insbesondere bei bereits in Pflegeheimen befindlichen Personen ist darauf zu achten, dass der Betreuer grundsätzlich keine Person sein darf, die in einem Abhängigkeitsverhältnis oder einer anderen engen Beziehung zu dem Pflegeheim steht, in dem sich der Betreute aufhält. Der Grund hierfür liegt in einem seitens des Gesetzes unwiderlegbar vermuteten Interessenskonflikt einer solchen Person.

Soll ein naher Angehöriger zum Betreuer bestellt werden, ist gleichfalls zu beachten, dass aufgrund des gesetzlichen Erbrechts es leicht zu einer Interessenkollision kommen kann. Ein gesetzlicher Ausschluss von nahen Verwandten als Betreuer besteht jedoch nicht.

Durchführung der Betreuung

Wünsche im Hinblick auf die Ausgestaltung der Betreuung können für alle Lebensbereiche getroffen werden. So kann sichergestellt werden, dass alle Lebensgewohnheiten, auch für den Fall einer Betreuung, so weit als möglich weitergeführt werden können. Insbesondere Regelungen zur Vermögenserhaltung, zur Einwilligung bzw. dem Versagen von Heilbehandlungen, Entscheidungen über die Unterbringung in Heimen und alle damit zusammenhängenden Maßnahmen können getroffen werden.

Wichtig ist, dass der Betreuer von den gesetzlichen Beschränkungen und der nachfolgend dargestellten Genehmigungsbedürftigkeit bestimmter Angelegenheiten nicht befreit werden kann.

Welche Aufgaben hat das Betreuungsgericht bei einer Betreuung?

Das Betreuungsgericht bestellt den Betreuer bei Vorliegen einer Betreuungsverfügung nach Wunsch des zu Betreuenden, sofern dies dessen Wohl nicht zuwiderläuft, der Vorgeschlagene nicht gesetzlich von der Übernahme des Amts ausgeschlossen ist und dieser die Übernahme der Betreuung auch nicht ablehnt.

Bei der Durchführung der Betreuung kommt dem Betreuungsgericht eine Kontrollfunktion zu.

Werden die in der Betreuungsverfügung niedergelegten Wünsche unbegründet außer Acht gelassen, kann das Betreuungsgericht dagegen vorgehen. Das Betreuungsgericht überprüft somit alle Maßnahmen des Betreuers im Hinblick auf Pflichtwidrigkeit oder Missbrauch.

Zu beachten ist jedoch, dass nicht jeder Konflikt zwischen Betreuer und Betreuten ein betreuungsgerichtliches Eingreifen im Rahmen der Aufsichtspflicht auslöst. Es wird nur überprüft, ob der Betreuer rechtmäßig handelte.

Maßnahmen, die das Betreuungsgericht genehmigen muss

Folgende Maßnahmen kann der Betreuer jedoch nur nach vorheriger Genehmigung durch das Betreuungsgericht treffen:

- Die Einwilligung in eine Untersuchung des Gesundheitszustands, eine Heilbehandlung oder einen ärztlichen Eingriff, wenn die begründete Gefahr besteht, dass der Betreute aufgrund der Maßnahme stirbt oder einen schweren oder länger dauernden gesundheitlichen Schaden erleidet.

Ausnahme: Mit dem Aufschub der Maßnahme ist Gefahr verbunden oder zwischen Betreuer und behandelndem Arzt besteht Einvernehmen darüber, dass die Erteilung dem nach § 1827 BGB festgestellten Willen des Betreuten entspricht.

- Die Nichteinwilligung oder der Widerruf der Einwilligung in eine Untersuchung des Gesundheitszustands, eine Heilbehandlung oder einen ärztlichen Eingriff, wenn die Maßnahme medizinisch angezeigt ist und die begründete Gefahr besteht, dass der Betreute aufgrund des Unterbleibens oder des Abbruchs der Maßnahme stirbt oder einen schweren und länger dauernden Schaden erleidet.
  Ausnahme: Zwischen dem Betreuer und dem behandelnden Arzt besteht Einvernehmen darüber, dass die Nichterteilung oder der Widerruf der Einwilligung dem nach § 1827 BGB festgestellten Willen des Betreuten entspricht.
- Maßnahmen der Freiheitsentziehung und freiheitsentziehenden Unterbringung sowie ärztliche Zwangsmaßnahmen
- Die Kündigung eines Mietverhältnisses über Wohnraum, den der Betreute angemietet hat, sowie der Abschluss von Miet-, Pacht- oder ähnlichen Verträgen, sofern der Vertrag für mehr als vier Jahre abgeschlossen wird.
- Die Gewährung von Ausstattungen aus dem Vermögen des Betreuten.
- Schenkungen aus dem Vermögen des Betreuten, die über Gelegenheitsgeschenke hinausgehen.

Die Kombination mit einer Vorsorgevollmacht

Eine gleichzeitige Betreuerbestellung neben einer wirksamen Bevollmächtigung ist mit Ausnahme der Bestellung eines Kontrollbetreuers nach § 1815 Abs. 3 BGB nicht möglich.

§ **§ 1815 Abs. 3 BGB – Umfang der Betreuung**

(3) Einem Betreuer können unter den Voraussetzungen des § 1820 Absatz 3 auch die Aufgabenbereiche der Geltendmachung von Rechten des Betreuten gegenüber seinem Bevollmächtigten sowie zusätzlich

der Geltendmachung von Auskunfts- und Rechenschaftsansprüchen des Betreuten gegenüber Dritten übertragen werden (Kontrollbetreuer).

Sollen jedoch manche Angelegenheiten der Zuständigkeit des Bevollmächtigten entzogen werden, weil beispielsweise eine stärkere Kontrolle durch das Betreuungsgericht gewünscht wird bzw. sollte das Betreuungsgericht neben einer bestehenden Vollmacht eine Betreuung für erforderlich erachten, ist es sinnvoll, sowohl eine Vorsorgevollmacht als auch eine Betreuungsverfügung zu erstellen.

Eine solche Regelung kann in zwei verschiedenen Schriftstücken als auch in einer Kombination der beiden getroffen werden.

Praxis-Tipp: 6

Bei Kombinationen von Vorsorgevollmachten und Betreuungsverfügungen sollte rechtskundiger Rat vorab eingeholt werden, um Missverständnisse schon im Vorfeld auszuschließen.

Die Kombination mit einer Patientenverfügung

Eine Patientenverfügung lässt sich immer sinnvoll mit einer Betreuungsverfügung kombinieren. Damit behandelnde Ärzte, Angehörige oder ggf. das Betreuungsgericht die Wünsche des Patienten berücksichtigen, ist es vorteilhaft, den Betreuer mit der Aufgabe zu betrauen, die in der Patientenverfügung geregelten Wünsche dann auch gegenüber Dritten durchzusetzen. So wird eine Gewähr dafür geschaffen, dass der Patientenwille tatsächlich umgesetzt wird.

Betreuungsverfügung und Vorsorgevollmacht im Vergleich

Im Notfall schützt das gesetzliche Betreuungsrecht den Hilfebedürftigen wirksam vor missbräuchlichem Handeln des Betreuers. Jedoch erweist sich das gesetzliche Betreuungsrecht als wenig flexibel und häufig sehr langwierig. Zu beachten ist insbesondere, dass vor dem Beginn der Betreuung immer erst ein Betreuungsverfahren steht und somit wertvolle Zeit vergehen kann.

Demgegenüber zeichnet sich die Vorsorgevollmacht durch eine höhere Flexibilität aus. Der Bevollmächtigte wird im Ernstfall sofort tätig und kann, da er die persönlichen Lebensgewohnheiten des Vollmachtgebers in der Regel genau kennt, naturgemäß die Interessen des Hilfsbedürftigen besser wahren. Darüber hinaus wird die Privatsphäre des Vollmachtgebers geschützt, da gerade kein betreuungsgerichtliches Verfahren eingeleitet werden muss. Die nähere Umgebung wird damit von der geistigen oder körperlichen Betreuungsbedürftigkeit nichts erfahren. Insgesamt ist die Vollmacht schneller einsetzbar, wesentlich flexibler und unbürokratischer als eine Betreuung.

Eines muss jedoch immer klar sein: Die Erteilung einer Vollmacht setzt ein besonderes Vertrauensverhältnis in die Person des Bevollmächtigten voraus, da nur eine eingeschränkte Kontrollmöglichkeit durch das Betreuungsgericht besteht.

Wichtig: Bei vermögenslosen Vollmachtgebern ist darüber hinaus zu beachten, dass eine Vergütung für den Bevollmächtigten nicht vom Staat getragen wird. Das ist lediglich bei einer gesetzlichen Betreuung möglich.

7.

Formulierungshilfen für Betreuungsverfügungen

Grundsätzliches

Bei allen Formulierungsbeispielen handelt es sich lediglich um Anregungen, die wegen der anwaltlichen oder notariellen Einzelfallgestaltung selbstverständlich keinen Anspruch auf Vollständigkeit bzw. ungeprüfte Übernahmefähigkeit erheben können.

Die Kombination von Betreuungsverfügung mit Patientenverfügung

Der in dieser Betreuungsverfügung genannte Paragraf ist im Originalwortlaut auf den nachfolgenden Seiten nachzulesen.

Betreuungsverfügung

Ich,

Name: ______________________

Vorname: ______________________

Geburtsdatum: ______________________

Straße: ______________________

PLZ/Wohnort: ______________________

Telefon: ______________________

schlage für den Fall, dass für mich ein gesetzlicher Betreuer bestellt werden muss, gemäß § 1816 Abs. 2 BGB hierfür die folgende Person als Betreuer für alle erforderlichen Angelegenheiten vor:

Frau/Herr

Name: ______________________

Vorname: ______________________

Geburtsdatum: ______________________

Straße: ______________________

PLZ/Wohnort: ______________________

Telefon: ______________________

Falls die vorbezeichnete Person die Betreuung nicht übernehmen will oder kann, schlage ich als Ersatzperson die folgende Person vor:

Frau/Herr

Name: ______________________

Vorname: ______________________

Geburtsdatum: ______________________

Straße: ______________________

PLZ/Wohnort: ______________________

Telefon: ______________________

Auf keinen Fall wünsche ich, dass die folgende Person zum Betreuer bestellt wird:

Frau/Herr

Name: ______________________________

Vorname: ______________________________

Geburtsdatum: ______________________________

Straße: ______________________________

PLZ/Wohnort: ______________________________

Die Betreuung soll meinen folgenden Wünschen entsprechend geführt werden:

____

____

7

Über mein Einkommen sowie über mein bewegliches und unbewegliches Vermögen soll wie folgt verfügt werden:

____

____

Meine bisherigen Lebensgewohnheiten (z. B. Freizeit, Urlaub etc.) wie

____

____

möchte ich beibehalten.

Die in meiner Patientenverfügung vom ______________ geäußerten Wünsche sind von meinem Betreuer zu befolgen. Insbesondere obliegt es meinem Betreuer auch, die in meiner Patientenverfügung von mir niedergelegten Wünsche gegenüber Ärzten und Pflegepersonal, gegebenenfalls auch gegenüber dem Betreuungsgericht durchzusetzen.

Falls Pflegebedürftigkeit eintritt, soll die häusliche Pflege durch __________ erfolgen. Diese/r hat sich dazu bereit erklärt und soll dafür ein Entgelt in Höhe von __________ EUR erhalten. Sofern die persönliche Pflege durch die vorbezeichnete Person nicht mehr möglich sein sollte, soll ein Pflegedienst meine häusliche Pflege sicherstellen.

Sollte eine stationäre Pflege erforderlich werden, möchte ich in folgendem Pflegeheim/Krankenhaus untergebracht werden:

____

____

Sollte eine Unterbringung dort nicht möglich sein, möchte ich in einem Pflegeheim/ Krankenhaus mit entsprechendem Standard untergebracht werden.

Sollte eine Finanzierung aus meinen laufenden Einkommen nicht möglich sein, soll folgendes Grundstück (Eigentumswohnung, Sammlung, Mobiliar, Wertpapier etc.) zur Finanzierung meiner Pflege verkauft werden:

____________________ ______________________________

Ort, Datum Unterschrift des Verfügenden

____

Zeuge (nicht zwingend notwendig)

Diese Verfügung entspricht nach wie vor meinem Willen:

____________________ ______________________________

Ort, Datum Unterschrift des Verfügenden

____________________ ______________________________

Ort, Datum Unterschrift des Verfügenden

Getrennter Betreuervorschlag für den vermögensrechtlichen und persönlichen Bereich

Der in dieser Betreuungsverfügung genannte Paragraf ist auf den nachfolgenden Seiten im Originalwortlaut abgedruckt.

Betreuungsverfügung

Ich,

Name: ____

Vorname: ____

Geburtsdatum: ____

Straße: ____

PLZ/Wohnort: ____

Telefon: ____

schlage für den Fall, dass für mich ein gesetzlicher Betreuer bestellt werden muss, gemäß § 1816 Abs. 2 BGB hierfür die folgende Person als Betreuer für alle persönlichen Angelegenheiten vor:

Frau/Herr

Name: ____

Vorname: ____

Geburtsdatum: ____

Straße: ____

PLZ/Wohnort: ____

Telefon: ____

Als Betreuer für alle vermögensrechtlichen Fragen schlage ich vor:

Frau/Herr

Name: ____

Vorname: ____

Geburtsdatum: ____

Straße: ____

PLZ/Wohnort: ____

Telefon: ____

Falls sich die Betreuer in einer Frage, die beide Bereiche tangiert, nicht einigen können, soll der Betreuer mit dem Aufgabenbereich der persönlichen Angelegenheiten entscheiden.

Ort, Datum	Unterschrift des Verfügenden

Zeuge (nicht zwingend notwendig)

Diese Verfügung entspricht nach wie vor meinem Willen:

Ort, Datum	Unterschrift des Verfügenden
Ort, Datum	Unterschrift des Verfügenden

§ 1816 BGB – Eignung und Auswahl des Betreuers; Berücksichtigung der Wünsche des Volljährigen

(1) Das Betreuungsgericht bestellt einen Betreuer, der geeignet ist, in dem gerichtlich angeordneten Aufgabenkreis die Angelegenheiten des Betreuten nach Maßgabe des § 1821 rechtlich zu besorgen und insbesondere in dem hierfür erforderlichen Umfang persönlichen Kontakt mit dem Betreuten zu halten.

(2) $_{1}$Wünscht der Volljährige eine Person als Betreuer, so ist diesem Wunsch zu entsprechen, es sei denn, die gewünschte Person ist zur Führung der Betreuung nach Absatz 1 nicht geeignet. $_{2}$Lehnt der Volljährige eine bestimmte Person als Betreuer ab, so ist diesem Wunsch zu entsprechen, es sei denn, die Ablehnung bezieht sich nicht auf die Person des Betreuers, sondern auf die Bestellung eines Betreuers als solche. $_{3}$Die Sätze 1 und 2 gelten auch für Wünsche, die der Volljährige vor Einleitung des Betreuungsverfahrens geäußert hat, es sei denn, dass er an diesen erkennbar nicht festhalten will. $_{4}$Wer von der Einleitung eines Verfahrens über die Bestellung eines Betreuers für einen Volljährigen Kenntnis erlangt und ein Dokument besitzt, in dem der Volljährige für den Fall, dass für ihn ein Betreuer bestellt werden muss, Wünsche zur Auswahl des Betreuers oder zur Wahrnehmung der Betreuung geäußert hat (Betreuungsverfügung), hat die Betreuungsverfügung dem Betreuungsgericht zu übermitteln.

(3) Schlägt der Volljährige niemanden vor, der zum Betreuer bestellt werden kann oder ist die gewünschte Person nicht geeignet, so sind bei der Auswahl des Betreuers die familiären Beziehungen des Volljährigen, insbesondere zum Ehegatten, zu Eltern und zu Kindern, seine persönlichen Bindungen sowie die Gefahr von Interessenkonflikten zu berücksichtigen.

(4) Eine Person, die keine familiäre Beziehung oder persönliche Bindung zu dem Volljährigen hat, soll nur dann zum ehrenamtlichen Betreuer bestellt werden, wenn sie mit einem nach § 14 des Betreuungsorganisationsgesetzes anerkannten Betreuungsverein oder mit der zuständigen Behörde eine Vereinbarung über eine Begleitung und Unterstützung gemäß § 15 Absatz 1 Satz 1 Nummer 4 oder § 5 Absatz 2 Satz 3 des Betreuungsorganisationsgesetzes geschlossen hat.

(5) $_1$Ein beruflicher Betreuer nach § 19 Absatz 2 des Betreuungsorganisationsgesetzes soll nur dann zum Betreuer bestellt werden, wenn keine geeignete Person für die ehrenamtliche Führung der Betreuung zur Verfügung steht. $_2$Bei der Entscheidung, ob ein bestimmter beruflicher Betreuer bestellt wird, sind die Anzahl und der Umfang der bereits von diesem zu führenden Betreuungen zu berücksichtigen.
(6) $_1$Eine Person, die zu einem Träger von Einrichtungen oder Diensten, der in der Versorgung des Volljährigen tätig ist, in einem Abhängigkeitsverhältnis oder in einer anderen engen Beziehung steht, darf nicht zum Betreuer bestellt werden. $_2$Dies gilt nicht, wenn im Einzelfall die konkrete Gefahr einer Interessenkollision nicht besteht.

8.

Die Bestattungsverfügung

Die Bestattungsverfügung

Mit der Patientenverfügung, der Vorsorgevollmacht und der Betreuungsverfügung hat eine Bestattungsverfügung gemein, dass sie die Möglichkeit bietet, dem eigenen Willen Ausdruck zu verleihen und wichtige Entscheidungen selbst zu treffen.

Entgegen der bereits behandelten Vorsorgemöglichkeiten betrifft die Bestattungsverfügung Umstände, die erst nach dem Tod des Verfügenden zu erledigen sind. Fragen zur Bestattung werden vor diesem Hintergrund häufig in Testamenten geregelt. Da ein Testament aber manchmal nicht oder erst verspätet gefunden wird, bietet es sich an, eine gesonderte Bestattungsverfügung zu errichten. Das kann insbesondere sinnvoll sein, wenn die Person, die sich um die Bestattung und deren Modalitäten kümmern soll, nicht zum Erben eingesetzt ist.

Form der Bestattungsverfügung

Eine Bestattungsverfügung unterliegt nicht den Formvorschriften, die für Testamente gelten. Ein maschinenschriftliches Dokument mit Unterschrift oder gar mündliche Erklärungen reichen aus, wobei Letzteres aus Nachweisgründen nicht zu empfehlen ist.

Inhalt der Bestattungsverfügung

In der Regel findet kaum ein zwischenmenschlicher Austausch über die Modalitäten der eigenen Bestattung statt. Erfahrungsgemäß beschäftigen sich viele Menschen bei Errichtung ihrer Bestattungsverfügung zum ersten Mal mit Fragen, die ihre Beerdigung betreffen.

Im Rahmen der Bestattungsverfügung sollten, neben der Frage der Totenfürsorgeberechtigung, vor allem möglichst viele Details der Bestattung geregelt werden, insbesondere:

- Bestattungsart (z. B. Erdbestattung, Feuerbestattung, Seebestattung)
- Gestaltung der Trauerfeier (Ansprachen, Musik, Gäste)
- Todesanzeige
- Grabinschrift
- Grabstelle

- ggf. Hinweis auf einen abgeschlossenen Dauergrabpflegevertrag oder der Auftrag, einen solchen abzuschließen
- ggf. Hinweis auf weitere wichtige Dokumente

Ein Muster für eine Bestattungsverfügung finden Sie auf den nachfolgenden Seiten.

Bestattungsverfügung

1. Totenfürsorge

Hiermit bestimme ich, ____________________

im Fall meines Todes und in Abweichung jedweder anderer, sei es auf Gesetz oder Sitte beruhender Regeln,

derzeit wohnhaft ____________________

Telefon ____________________

ersatzweise ____________________

zum alleinigen Inhaber/zur alleinigen Inhaberin der Totenfürsorge. Er/Sie hat somit entsprechend meiner getroffenen Anweisungen und, im Fall fehlender/nicht ausreichender Anweisungen allein über alle irgendwie mit meiner Bestattung sowie meiner letzten Ruhe im weitesten zusammenhängenden Umstände zu entscheiden. Eingeschlossen ist das Recht und die Befugnis, allen beteiligten Personen, Institutionen und Behörden entsprechende Weisungen zu erteilen.

8

2. Vorsorgevertrag

Ich habe einen Vorsorgevertrag bei folgendem Bestattungsunternehmen abgeschlossen:

Firma: ____________________

Anschrift: ____________________

Telefon: ____________________

E-Mail: ____________________

Vertragsnummer: ____________________

Ich habe keinen Vorsorgevertrag abgeschlossen.

3. Bestattung

Ich lege hinsichtlich meiner Bestattung Folgendes fest:

____

____

Über die Modalitäten der Bestattung soll die unter 1. genannte Person entscheiden.

4. Beisetzung

Ich lege hinsichtlich meiner Beisetzung Folgendes fest:

____

____

Über die Modalitäten der Beisetzung soll die unter 1. genannte Person entscheiden.

5. Zu benachrichtigende Personen

Folgende Personen sollen benachrichtigt werden:

____

____

Die unter 1. genannte Person soll über die zu benachrichtigenden Personen entscheiden.

6. Anzeigen/Karten

Ich wünsche Anzeigen in folgenden Zeitungen:

____

____

Die Anzeige soll folgenden Text beinhalten:

____

____

Ich wünsche folgende Karten:

____

____

Die unter 1. genannte Person soll über die vorgenannten Fragen entscheiden.

7. Trauerfeier

Ich wünsche Folgendes:

____

____

Die unter 1. genannte Person soll über die Modalitäten der Trauerfeier entscheiden.

8. Grabmal

Ich wünsche folgendes Grabmal:

____

____

Die unter 1. genannte Person soll über die Modalitäten der Trauerfeier entscheiden.

9. Grabpflege

Um das Grab soll sich wie folgt gekümmert werden:

____

____

Ich habe einen Grabpflegevertrag abgeschlossen bei:

Firma: ____________________________

Anschrift: ____________________________

8

Telefon: ____________________________

E-Mail: ____________________________

Vertragsnummer: ____________________________

Die unter 1. genannte Person soll über die Modalitäten der Trauerfeier entscheiden.

10. Sonstiges

____

____

____________________ ____________________

Ort, Datum Unterschrift

9.

Aufbewahrungsmöglichkeiten: Patientenverfügung, Vorsorgevollmacht, Betreuungsverfügung

Bei den Gerichten

Eine gerichtliche Hinterlegung wie bei Testamenten ist wohl aus Kostengründen bundesweit nicht vorgesehen. Von Bundesland zu Bundesland ist es daher unterschiedlich geregelt, ob eine Betreuungsverfügung, ggf. in Kombination mit einer Patientenverfügung oder einer Vorsorgevollmacht, hinterlegt werden kann. Zu beachten ist dabei aber, dass es kein Mitteilungssystem gibt.

> ***Praxis-Tipp:***
>
> *Wenn Sie eine Betreuungsverfügung in Kombination mit einer Patientenverfügung oder einer Vorsorgevollmacht gerichtlich hinterlegen wollen, sollten Sie bei dem für Sie zuständigen Betreuungsgericht nachfragen. Dieses finden Sie über das für Sie zuständige Amtsgericht.*

Im Folgenden finden Sie einen Überblick über die Hinterlegungsmodalitäten der einzelnen Bundesländer.

9 **Hinterlegungsmodalitäten der Länder**

Baden-Württemberg	Den Betreuungsgerichten bzw. Notariaten ist es freigestellt, Betreuungsverfügungen zu verwahren.
Bayern	Gesetzliche Regelungen und Richtlinien regeln die Hinterlegung von Betreuungsverfügungen. Betreuungsgerichte nehmen Betreuungsverfügungen in Verwahrung.
Berlin	Eine Hinterlegung von Betreuungsverfügungen liegt im Ermessen der Betreuungsgerichte.
Brandenburg	Landesrechtliche Bestimmungen zur Hinterlegung von Betreuungsverfügungen sind nicht vorhanden und für die Zukunft nicht beabsichtigt.

Bremen

Gesetzliche Regelungen und Richtlinien regeln die Hinterlegung von Betreuungsverfügungen. Betreuungsgerichte nehmen Betreuungsverfügungen in Verwahrung.

Hamburg

Durchführungsbestimmungen zur Hinterlegung von Betreuungsverfügungen bestehen nicht.

Hessen

Betreuungsverfügungen sind auf Verlangen in Verwahrung zu nehmen.

Mecklenburg-Vorpommern

Gesetzliche Regelungen für die Hinterlegung von Betreuungsverfügungen bestehen nicht. Betreuungsgerichte entscheiden in eigener Zuständigkeit, ob sie Betreuungsverfügungen in Verwahrung nehmen.

Niedersachsen

Gesetzliche Regelungen und Richtlinien regeln die Hinterlegung von Betreuungsverfügungen. Betreuungsgerichte nehmen Betreuungsverfügungen in Verwahrung.

Nordrhein-Westfalen 9

Es bestehen keine Durchführungsbestimmungen zur Hinterlegung von Betreuungsverfügungen. Die Verwahrung liegt im Ermessen der Betreuungsgerichte.

Rheinland-Pfalz

Annahme oder Ablehnung einer Betreuungsverfügung liegt im Ermessen des einzelnen Betreuungsgerichts.

Saarland

Durchführungsbestimmungen zur Hinterlegung von Betreuungsverfügungen bestehen nicht. Die Betreuungsgerichte sind jedoch vom Ministerium der Justiz gebeten, Unterlagen wie Betreuungsverfügungen oder Patientenschutzbriefe entgegenzunehmen.

Sachsen

Auf Antrag sind Betreuungsverfügungen vom zuständigen Betreuungsgericht entgegenzunehmen und aufzubewahren.

Sachsen-Anhalt	Betreuungsverfügungen sind auf Verlangen vom Betreuungsgericht entgegenzunehmen und zu hinterlegen.
Schleswig-Holstein	Durchführungsbestimmungen zur Hinterlegung von Betreuungsverfügungen bestehen nicht.
Thüringen	Auf Antrag haben Betreuungsgerichte Betreuungsverfügungen entgegenzunehmen und aufzubewahren.

Zentrales Vorsorgeregister der Bundesnotarkammer

Die Bundesnotarkammer hat ein zentrales Register für Vorsorgevollmachten und Betreuungsverfügungen eingerichtet. Sämtliche Betreuungsgerichte Deutschlands können rund um die Uhr hierauf online Zugriff nehmen. Dieses Zentrale Vorsorgeregister der Bundesnotarkammer nimmt nicht nur notariell beurkundete oder beglaubigte Vorsorgevollmachten und Betreuungsverfügungen auf. Auch Privatpersonen können sich gegen eine geringe Gebühr zwischen 10 und 20 Euro registrieren lassen. Insofern im Rahmen von Vorsorgevollmachten und Betreuungsverfügungen in einer Urkunde Patientenverfügungen mit einbezogen sind, können diese als eine Urkunde hinterlegt werden. Allerdings kann zunächst keine Gewähr dafür geleistet werden, dass behandelnde Ärzte von solchen Patientenverfügungen Kenntnis erlangen. Weitere Informationen erhalten Sie im Internet unter: www.vorsorgeregister.de

Bei anderen Institutionen

Eine Hinterlegung ist bei einem Rechtsanwalt und einem Notar sowie den folgenden Institutionen möglich:

Deutsches Rotes Kreuz – Zentralarchiv
DRK – Ortsverein Mainz
Altenauergasse 1
55116 Mainz
Tel.: 061 31/22 11 17
www.drk.de

Deutsche Stiftung Patientenschutz
Europaplatz 7
44269 Dortmund
Tel.: 02 31/73 80 730
Fax: 02 31/73 80 731
www.stiftung-patientenschutz.de

Humanistischer Verband Deutschlands
Abt. Patientenverfügung
(Bundesgeschäftsstelle)
Wallstraße 61–65
10179 Berlin
Tel.: 030/61 39 04 34
Fax: 030/61 39 04 50
www.humanismus.de

Praxis-Tipp:

- *Zu beachten ist, dass die hinterlegten Dokumente im Ernstfall nicht automatisch an die zuständigen Stellen wie Betreuungsgericht oder Ärzte gelangen. Die von den Hinterlegungsstellen angebotenen Registrierungskarten sollten daher regelmäßig bei sich getragen werden, damit die Existenz der Verfügungen bekannt werden kann.*
- *Auf alle Fälle sollten auch Vertrauenspersonen oder der Hausarzt informiert sein.*

Nützliche Adressen

Deutsche Vereinigung für Vorsorge- und Betreuungsrecht e. V.
Konrad-Zuse-Ring 30 – Eastsite VIII –
68163 Mannheim
Tel.: 06 21/7 16 09 33
Fax: 06 21/7 16 09 31
E-Mail: info@dvvb.de
Internet: www.dvvb.de
Vereinigung von Rechtsanwälten, die insbesondere zu Fragen der Vorsorgevollmacht und Patientenverfügung berät und bundesweit Spezialisten zu diesem Thema vermittelt.

Deutsche Vereinigung für Erbrecht und Vermögensnachfolge e. V.
Hauptstraße 18
74918 Angelbachtal
Tel.: 0 72 65/91 34 14
Fax: 0 72 65/91 34 34
E-Mail: bittler@dvev.de
Internet: www.erbrecht.de
Vereinigung von rund 1900 Rechtsanwälten, Notaren, Steuerberatern und weiteren Berufsgruppen, die unter anderem auch zu Fragen von Vorsorgevollmachten beraten.

Deutscher Anwaltverein e. V.
Littenstraße 11
10179 Berlin
Tel.: 0 30/72 61 520
Fax: 0 30/ 72 61 52 190
E-Mail: dav@anwaltverein.de
Internet: www.anwaltverein.de
Hier erfahren Sie auch die Adresse des örtlichen Anwaltvereins in Ihrer Nähe.

Deutsche Anwaltauskunft
Tel.: 0 18 05/18 18 05
www.anwaltauskunft.de
Vermittelt bundesweit der Anwaltauskunft angeschlossene Rechtsanwälte.

Anwalt-Suchservice
Gustav-Heinemann-Ufer 58
50968 Köln
Tel.: 02 21/9 37 38 03
Fax: 02 21/93 73 89 61
E-Mail: kontakt@anwalt-suchservice.de
Internet: www.anwalt-suchservice.de
Vermittelt bundesweit dem Suchservice angeschlossene Rechtsanwälte.

Stichwortverzeichnis